RAMONA LUGER

NATURKOSMETIK selber machen

NATÜRLICH SCHÖN
durch gesunde, nachhaltige
und preiswerte Pflege

EINFACHE REZEPTE & IDEEN
für Cremes, Seifenprodukte, Gesichtsmasken,
Haarpflege & vieles mehr!

RAMONA LUGER

NATÜRLICH SCHÖN
durch gesunde, nachhaltige
und preiswerte Pflege

NATUR selber machen KOSMETIK

EINFACHE REZEPTE & IDEEN
für Cremes, Seifenprodukte, Gesichtsmasken,
Haarpflege & vieles mehr!

SüdOst Verlag

Bibliografische Information der Deutschen Nationalbibliothek

Die Deutsche Nationalbibliothek verzeichnet diese Publikation in der Deutschen Nationalbibliografie; detaillierte bibliografische Daten sind im Internet über http://dnb.dnb.de abrufbar.
ISBN 978-3-95587-814-6

Für uns, die Battenberg Gietl Verlag GmbH mit all ihren Imprint-Verlagen, ist Nachhaltigkeit ein wichtiger Teil unserer Unternehmensphilosophie. Daher achten wir bei allen unseren Produkten auf den Einsatz umweltschonender Ressourcen und Materialien.
Dieses Buch wurde auf FSC®-zertifiziertem Papier gedruckt. FSC (Forest Stewardship Council®) ist eine nicht staatliche, gemeinnützige Organisation, die sich für die verantwortungsvolle und ökologische Nutzung der Wälder unserer Erde einsetzt.

Unsere Partnerdruckerei kann zudem für den gesamten Herstellungsprozess nachfolgende Zertifikate vorweisen:
- Zertifizierung für FOGRA PSO
- Zertifizierungssystem FSC®
- Leitlinien zur klimaneutralen Produktion (Carbon Footprint)
- Zertifizierung EcoVadis (die Methodik besteht aus 21 Kriterien in den Bereichen Umwelt, Einhaltung menschlicher Rechte und Ethik)
- Zertifikat zum Energieverbrauch aus 100 % erneuerbaren Quellen
- Teilnahme am Projekt „Grünes Unternehmen" zum Schutz von Naturressourcen und der menschlichen Gesundheit

Es bleibt in der alleinigen Verantwortung der Leser:innen, diese Angaben im Buch einer eigenen Prüfung zu unterziehen. Wenn Sie diese Methoden und Rezepte, die in diesem Buch beschrieben sind, an sich oder anderen anwenden wollen, so tun Sie dies auf eigene Verantwortung und Haftung.

Bilder von Ramona Luger

Illustration: stock.adobe.com/kokoshka

Bilder von stock.adobe.com/: S. 8 KMNPhoto, S. 10 Microgen, S. 15 marrakeshh, S. 26 Marina Lohrbach, S. 31 Alexander Raths, S. 32 igishevamaria, S. 35 JenkoAtaman, S. 39/S. 58/S. 67 Irina Strelnikova, S. 60 Kostiantyn, S. 63 jutaphoto, S. 70 New Africa, S. 71 Africa Studio, S. 77 Irina, S. 82 Valua Vitaly, S. 87 Flash concept, S. 97 insta_photos, S. 124 MZaitsev, S. 149 Artem Shadrin, S. 155 Pixel-Shot, S. 159 drubig-photo

1. Auflage 2023
ISBN 978-3-95587-814-6

www.battenberg-gietl.de

VORWORT

Liebe Leserin, lieber Leser,

als ich 2018 angefangen habe, mich mit dem Thema Naturkosmetik zu beschäftigen, fand ich die Kombination aus altem Wissen und modernem Handling besonders spannend. Auch die Vorstellung, mich ganz individuell selbst versorgen zu können, mit natürlichen Mitteln, ohne Chemie oder Plastikverpackung, hat dazu geführt, dass ich mich immer mehr mit diesem Thema beschäftigt habe. Also fing ich an, jedes Produkt in meinem Haushalt zu hinterfragen und, wenn möglich, selbst herzustellen. Gerade hier bei uns im Bayerischen Wald – ich selbst bin aus dem Landkreis Cham – gibt es vielfältige Möglichkeiten, die dafür benötigten Zutaten regional einzukaufen; so hat man nicht nur kurze Wege, sondern unterstützt gleichzeitig noch den heimischen Handel.

Und so kam es, dass ich nun seit Jahren Seifen, Peelings, Cremes und Badezusätze selber herstelle – und auch für den Verkauf produziere. Viele von euch fragten nach weiteren Produkten. Daraufhin habe ich angefangen, in der Region Kurse zu bestimmten Themen anzubieten, was gut ankam. Allerdings kann ich bei meinen Kursen aus Zeitgründen nur einen groben Überblick über bestimmte Themen bieten. Deshalb dieses Buch: Hierin möchte ich gern detaillierteres Wissen vermitteln, meine Erfahrungen mit dir teilen – und dabei immer Platz lassen für deine individuellen Bedürfnisse und Vorlieben.

An dieser Stelle möchte ich mich von Herzen bei Nadine für die tatkräftige Unterstützung bei den Fotoshootings bedanken. Ein großes Dankeschön geht außerdem an Chris – fürs Rückenfreihalten in diesem besonderen Jahr.

Und nun wünsche ich dir viel Spaß beim Lesen und Rühren!

Deine Ramona

PS: Bei Fragen kannst du dich gerne über das Kontaktformular unter www.uschis-naturkosmetik.de melden.

INHALTSVERZEICHNIS

KAPITEL 1
EINFÜHRUNG ... 9

Gute Gründe Naturkosmetik selbst herzustellen ... 11

Grundlegendes zur Herstellung von Naturkosmetik ... 12

KAPITEL 2
ZUTATEN ... 14

Grundausstattung für den Anfang ... 17

Basisöle ... 17

Ölauszug | Fette ... 20

Hydrolate | Alkoholtinktur ... 23

Ätherische Öle ... 26

Wirkstoffe ... 28
- Wachse ... 28
- Feuchtigkeitsspender ... 28
- Gelbildende Stoffe ... 29
- Tonerden ... 30
- Konservierende Inhaltsstoffe ... 31

KAPITEL 3
GESICHT ... 33

Gesichtsreinigung ... 34
- Reinigungspaste ... 37
- Reinigungsöl ... 38
- Reinigungsschaum ... 39
- Toner ... 40

Cremes ... 42
- Einführung ... 43
- Leichtes Serum-Gel ... 48
- Rosen-Lotion ... 50
- Aloe-vera-Gesichtscreme ... 52
- Holunder-Lavendel-Creme ... 55
- Gel-Salbe ... 56
- Schüttellotion ... 58
- Milch als Emulgator ... 59
- Augenserum Anti-Aging ... 61
- Augencreme mit Frischekick ... 62

Wellness Time ... 63
- Gesichtsdampfbad ... 65
- Gesichtsmaske ... 66

Lippenpflege ... 68
- Honig-Zucker-Lippenpeeling ... 70
- Lippenbalsam ... 71
- Lipgloss ... 72

KAPITEL 4
KÖRPER

KÖRPER 74

Deo 76
- Roll-on-Deo 77
- Creme-Deo 79
- Deo im Zerstäuber 80

Schöne Hände und Füße 83
- Protect-and-Care-Salbe 84
- SOS-Heilcreme mit Lanolin 86

Körperlotionen 89
- Bodymilk 90
- Bodylotion 93

Peelings 94
- Zitronen-Salz-Peeling, Kaffee-Zimt-Peeling 96
- Zucker-Rosen-Peeling, Walnuss-Tannen-Peeling 97

Sugaringpaste (Enthaarungspaste) 98

Bad und Dusche 101
- Duschbar 102
- Duschgel auf Seifenbasis 104
- Duschgel sensitiv 107
- Bade-Duft-Würfel 108
- Badesalz 111
- Rosenblüten-Badesalz, Lavendel-Badesalz 112
- Orange-Zimt-Badesalz 113
- Seife 115
- Seife sieden 116
- Glycerin-Rohseife 120
- Seifenreste: Aus Alt mach Neu 123

KAPITEL 5
HAARE

HAARE 125

Haarwäsche 126
- Waschpaste: Roggenmehl / Lava-Erde 127
- Shampoo auf Seifenbasis 128
- Natur-pur-Shampoo mit Seifenkraut 130
- Einführung in die Welt der Tenside 131
- Shampoo mild & flüssig 134
- Shampoo fest 138
- Trockenshampoo 140

Haarspülung 143

Was tun bei Schuppen? 146

Haarkuren 147

Haarstyling 152

Haare natürlich tönen 155

KAPITEL 6
ZÄHNE

ZÄHNE 158

Alles rund um Zähne und Mundraum 161

Ölziehen zum Start 162

Zähneputzen 163
- Zahnpasta 164
- Zahngel 165
- Zahnputztabletten 166
- Zahnputzpulver 169

Mundspülung 170
- Ratz-Fatz-Mundspülung 172

KAPITEL 1

EINFÜHRUNG

Gute Gründe Naturkosmetik selbst herzustellen

◆ Betrachte Skincare als das, was es ist – Nahrung für deine Haut. Also, wenn du etwas nicht essen würdest, warum solltest du es auf deine Haut auftragen? Deine selbstgemachte Kosmetik kommt ohne belastende oder hormonverändernde Zusatzstoffe wie Parabene, Silikone, Erdöl und synthetische Konservierungsmittel aus. Warum also Symptome wie Unreinheiten, trockene Haut und Fältchen mit industriellen Mitteln „wegcremen"? Warum nicht die Ursachen für Hautprobleme mit natürlichen Rohstoffen bekämpfen und die Haut unterstützen, sich selbst zu regenerieren? Also lieber gleich Notox als Detox! Denn einige der Hautprobleme, weswegen wir Beautyprodukte nutzen, kommen erst von zu viel und vor allem falscher Pflege. Erst sollten wir uns Gedanken machen, welche Ursachen es für Hautprobleme gibt und wie wir der Haut dabei helfen können, selber damit fertig zu werden. Dass unsere Haut reagiert kann viele Ursachen haben, z. B. kann es an deiner Ernährung, an den Hormonen, fehlender Bewegung oder an Stress liegen. Auch die Umweltfaktoren wie Sonne, Temperatur und Luftfeuchtigkeit haben Einfluss, wie sich deine Haut reguliert und verhält. So kann es durchaus sein, dass deine Haut sich heute hormonbedingt fettig anfühlt und unrein ist, aber nächste Woche wieder trocken ist und sensibel reagiert. Wenn du nun deine eigene Naturkosmetik herstellst, kannst du diese genau an die aktuellen Bedürfnisse deiner Haut anpassen.

◆ Easy going – wie gesundes, frisch zubereitetes Essen kannst du dir deine Kosmetik einfach in der Küche zubereiten. Du brauchst weder ein Labor noch ein Chemiestudium und es reichen die einfachsten Mittel. Für die meisten Rezepte reicht eine Waage, feuerfestes Geschirr, Löffel/Spatel, ein Sieb und ein Mixer. Auch viele der Rohstoffe hast du wahrscheinlich bereits zu Hause oder sie sind leicht zu besorgen oder zu ersetzen.

◆ Der Umwelt und den Tieren zuliebe – verwende deine Behälter (Glas, PET-Tiegel, Dosen, ...) immer wieder und spare somit jede Menge Plastik-/Einwegmüll. Solltest du dich bisher nicht mit Naturkosmetik beschäftigt haben, ist das für einen Start sogar hilfreich, denn so hast du wahrscheinlich noch einige Cremetiegel oder Dosen. Somit hast du schon eine gute Basis an Behältnissen, die du für deine eigenen Produkte nutzen kannst. Reinige sie zuerst ordentlich per Hand oder im Geschirrspüler, desinfiziere sie vor Gebrauch und entferne das Etikett. Plastikbehälter solltest du jedoch nicht wiederverwenden, da sich daraus Mikroplastik lösen und in dein Produkt übergehen kann. Solltest du also keine geeigneten Behälter haben, lohnt sich eine Anfangsinvestition.

TIPP: Das Etikett lässt sich am besten mit etwas Natron und einem festen Schwamm entfernen. Ein Luffa-Schwamm ist übrigens eine tolle, ökologische Alternative zu Schaumstoffschwämmen. Die Luffa-Gurke ist die Frucht eines Kürbisgewächses und kann somit auf dem Kompost oder im Biomüll entsorgt werden.

Außerdem hat deine Kosmetik nichts mit Tierversuchen zu tun und du kannst sie selbstverständlich komplett vegan gestalten.

◆ Preiswert – Kosmetik kann ganz schön teuer sein, dies bedeutet leider nicht, dass sie auch hochwertig ist, denn schicke Verpackung, Werbung und Händlermargen treiben den Preis nach oben und an den wertvollen Inhaltsstoffen wird dann gespart. Bei deiner eigenen Kosmetik kannst du dies alles umgehen und dich wirklich mit den hochwertigsten Rohstoffen eindecken und schonst trotzdem deinen Geldbeutel.

◆ Just for fun – es macht unglaublich Spaß, seine eigenen Produkte anzurühren, vieles davon eignet sich auch super als Geschenk.

Grundlegendes zur Herstellung von Naturkosmetik

Da wir natürliche Inhaltsstoffe verwenden, sind bezüglich der Haltbarkeit und der Verarbeitung einige Dinge zu beachten, damit wir möglichst viel Freude an unserem Ergebnis haben:

- Verwende hochwertige Ausgangsrohstoffe, möglichst aus kontrolliert biologischem Anbau, so verhinderst du, dass sich Pestizidrückstände in deinem Produkt befinden können.

- Achte darauf, dass die eingesetzten Rohstoffe noch lange haltbar sind, denn deine Naturkosmetik kann maximal so lange haltbar sein wie das Ausgangsprodukt mit der kürzesten Haltbarkeit.

- Desinfektion der Arbeitsutensilien – die das Produkt berührenden Teile sollten immer sauber sein, bevor du mit der Produktion beginnst. Andernfalls können Keime und Bakterien das Produkt verunreinigen. Fülle dazu ein Desinfekionsmittel deiner Wahl in eine Sprühflasche und besprühe die Utensilien und Behälter damit. Lasse das Ganze dann entweder trocknen, oder zumindest einige Zeit einwirken, bevor du es mit einem sauberen Tuch abtrocknest.

Welches Desinfektionsmittel? Du kannst entweder eine Spiritus-Wasser-Mischung im Verhältnis 80 zu 20 benutzen, mischst Essigessenz mit Wasser im Verhältnis 20 zu 80 oder löst 20 g Natron in 100 ml Wasser auf.

- Zeit nehmen – „gut Ding will Weile haben". Nimm dir Zeit für das Herstellen von Naturkosmetik, so kannst du zum einen Flüchtigkeitsfehler vermeiden und zum anderen soll das Rühren Spaß machen und eine entspannende Abwechslung zum Alltag darstellen.

- Gutes Wasser verwenden. Um der Einbringung von Bakterien vorzubeugen, solltest du nur abgekochtes oder besser destilliertes Wasser verwenden.

- Rezepte sind sinnvoll, denn in der Anfangsphase ist es sinnvoll, sich an Rezepte zu halten, um die Mengenverhältnisse zwischen den unterschiedlichen Produktgruppen zu wahren. Ich werde dir bei den Rezepten immer Alternativen innerhalb der Produktgruppen vorstellen, sodass du die Möglichkeit hast, auf deinen Hauttyp einzugehen.

- Verwende kleinere Gefäße zur Aufbewahrung, so verhinderst du übermäßigen Luftkontakt und da du dein Produkt schneller aufbrauchst, haben Keime nur begrenzt Zeit sich zu vermehren.

- Bewahre Cremes und andere wasserhaltige Produkte im Kühlschrank auf, dies kann die Haltbarkeit wesentlich verlängern. Du kannst auch eine größere Menge öfters teilen und einfrieren, somit hast du immer nur eine kleine Menge in Gebrauch.

- Um die Einbringung von Keimen zu minimieren, solltest du direkten Hautkontakt bei der Entnahme vermeiden. Verwende stattdessen einen sauberen Spatel/kleinen Löffel oder fülle Lotionen etc. in Pumpspender ab.

- Dunkle Flaschen schützen besonders ölhaltige Produkte vor Lichteinstrahlung und der damit einhergehenden Oxidation.

Allgemein gilt: Prüfe dein Produkt vor dem Benutzen stets, ob es noch gut ist, indem du daran riechst und es dir genau ansiehst. Wenn es sauer, ranzig oder muffig riecht, entsorge es bitte. Sollten sich Schlieren gebildet haben, andersfarbige Flecken oder Schimmel zu sehen sein, dann wirf es bitte auch weg. Versuche nicht, den sichtbar vom Schimmel betroffenen Teil zu entfernen, denn die Schimmelsporen befinden sich im gesamten Produkt. Wenn du ein Produkt bereits über einen geraumen Zeitraum verwendet hast und dabei keine Hautirritationen entstanden sind und plötzlich reagiert deine Haut mit Rötungen, Juckreiz, Ausschlag, etc., dann solltest du es ebenfalls entsorgen. Dies hat meistens nichts damit zu tun, dass du die Inhaltsstoffe nicht verträgst, sondern mit einer Verkeimung deines Produkts und ist ein Indikator für unsauberes Arbeiten oder nachträglichen Keimeintrag.

AUFBAU DER REZEPTE

Ich gebe dir am Anfang eines jeden Rezepts einen kurzen Überblick darüber, was du alles benötigst und wie aufwändig und zeitintensiv es wird.

AUFWAND

– *niedrig:* Du wirst wahrscheinlich alle Zutaten und Utensilien in deiner Küche finden oder leicht ersetzen können.

– *mittel:* Die meisten Zutaten bestehen aus Basisrohstoffen, die in vielen Rezepten verwendet werden und sich lohnen, dass du sie dir zulegst.

– *hoch:* Ein paar der Zutaten hast du voraussichtlich nicht auf Vorrat und müssen meist im Onlineshop besorgt werden.

ZUBEREITUNGSZEIT

Ich gebe dir zu jedem Rezept eine ungefähre Zeitangabe zur Hand, damit du deinen Ablauf planen kannst.

SCHWIERIGKEITSGRAD

– *leicht:* Bis auf die Gewichtsangaben ist meist nichts anderes zu beachten und das Rezept gelingt dir sicher beim ersten Mal.

– *mittel:* Temperatur- und Zeitangaben sowie Schrittreihenfolgen sollten unbedingt eingehalten werden, damit das Rezept funktioniert.

KAPITEL 2

ZUTATEN

Grundausstattung für den Anfang

Das meiste erhältst du bequem in gut sortierten Supermärkten, im Drogeriemarkt, Reformhaus oder in Onlineshops (z. B. www.dragonspice.de, www.salandis.de, www.alexmo.de oder www.camassia-naturkosmetik.de). Für viele Rezepte reichen dir folgende Zutaten und sie sind auch für alle Hauttypen geeignet.

- 1–2 Basisöle: Olivenöl, Walnussöl, Sonnenblumenöl → Ölmühle vor Ort, Supermarkt, Onlineshop
- 1–2 Wirkstofföle: Wildrosenöl, Ringelblumenöl → Onlineshop oder selbstgemachter Ölauszug
- 1 festes Fett: Sheabutter → Reformhaus, Onlineshop
- 2–3 ätherische Öle: Lavendel, Kamille, Rose, Orange, Weihrauch → Drogeriemarkt, Reformhaus, Onlineshop
- Alkohol (am besten Weingeist 95 % Vol.) → Onlineshop oder Apotheke
- Destilliertes Wasser → Supermarkt
- 1 Hydrolat oder Pflanzenauszug: Lavendel, Kamille, Orange → Onlineshop, selbstgemacht
- Bienenwachs/vegane Alternative → am besten von einem örtlichen Imker oder im Onlineshop
- Natron: z. B. Kaiser Natron → Supermarkt, Drogeriemarkt, Onlineshop
- Zitronensäure → Supermarkt, Drogeriemarkt, Onlineshop
- Leinsamen

Nun brauchst du nur noch ein paar Utensilien, von denen du sicher auch die meisten schon zu Hause hast:

- (Fein-)Waage
- Mixer/Milchaufschäumer/Pürierstab
- Feuerfestes Geschirr (Marmeladenglas, etc.)
- Löffel/Spatel
- Topf
- Sieb
- Messbecher
- Thermometer

Zu den nun folgenden Zutatenlisten kannst du immer wieder zurückblättern, wenn in den Rezepten von einer Zutat deiner Wahl die Rede ist und du auf ein spezielles Bedürfnis deiner Haut eingehen möchtest. Denn die in der Grundausstattung angesprochenen Zutaten sind für alle Hauttypen geeignet, aber manchmal braucht man etwas mehr Pflege für trockene Haut oder möchte bei fettiger Haut etwas gegensteuern.

Basisöle

Zur Erinnerung, ein Vorteil deiner eigenen Naturkosmetik ist, dass du entscheidest, was drin ist. Welches Öl also in deinen Rezepten landet, entscheidest nur du und sollte vor allem deinen Hautbedürfnissen entsprechen. Hier findest du einige wichtige Informationen dazu.

Es gibt viele verschiedene Öle, mit unterschiedlichen Wirkungen, und ich stelle dir hier einige vor, gebe mit an, für welchen Hauttyp sie besonders geeignet sind und welche Eigenschaften sie haben. Ich persönlich achte beim Einkauf darauf, dass es kalt gepresste Öle aus biologischem Anbau sind und ich möchte hier auch eine Lanze für heimische Öle brechen, denn sie stehen in ihrer Wirkweise den gehypten „Wunderölen“ aus fernen Ländern in nichts nach. Ich bevorzuge zudem Öl aus regionalen Ölmühlen, diese sind vielleicht etwas teurer als Öl aus dem Discounter, jedoch weiß ich hier genau, woher das Produkt kommt, und es hat keine weiten Wege zurückgelegt. Ansonsten erhältst du die meisten Öle in gut sortierten Supermärkten, Reformhäusern oder im Drogeriemarkt.

APRIKOSENKERNÖL zieht gut ein, festigt das Gewebe, wirkt hautberuhigend und speichert Feuchtigkeit. Es ist wenig komedogen und daher sowohl besonders für sensible, empfindliche Haut (sogar für Babys) als auch für fettige Haut geeignet.

ARGANÖL hat von allen Ölen den höchsten Anteil an Vitamin E, dazu viele ungesättigte Fettsäuren, welche die Haut vor freien Radikalen schützen und sie geschmeidig halten. Auch Neurodermitis, Akne und Schuppenflechte lassen sich damit behandeln. Allerdings hat es einen starken Eigengeruch. Besonders geeignet ist Arganöl für trockene, anspruchsvolle und auch reife Haut, da ihm zusätzlich eine zellerneuernde Wirkung zugesprochen wird, aber auch bei fettiger Haut ist es geeignet, da es wenig komedogen ist.

AVOCADOÖL hat einen hohen Biotin-Gehalt, welcher die Hautstruktur verbessert, indem er die Feuchtigkeit bewahrt und den Zellaufbau und die Regeneration unterstützt. Zudem erleichtert es anderen Wirkstoffen, schnell in die Haut einzuziehen und ist so ein gut verträgliches Pflegeöl für trockene und empfindliche Haut, sowie bei Neurodermitis oder Schuppenflechte. Bei zu Unreinheiten neigender Haut sollte es nur in Maßen und nie pur angewendet werden, da es mittel komedogen ist und so die Verstopfung der Poren begünstigen kann.

DISTELÖL steckt voller Vitamine und verfügt über einen hohen Anteil an Linolsäure, welche Hautreizungen mindert, Pigmentflecken abschwächt und Mitesser reduziert. Da es schnell einzieht, nicht komedogen ist und nicht glänzt, ist es optimal für fettige und zu Akne neigender Haut.

HANFÖL wirkt entzündungshemmend und dank der vielen ungesättigten Fettsäuren fördert es die Regeneration und Neubildung von Zellen. Ein natürliches Antifaltenmittel, welches vor allem für sensible und trockene Haut geeignet ist, aber auch bei fettiger Haut ohne Weiteres Verwendung findet, da es nicht komedogen ist.

JOJOBAÖL bietet langanhaltenden Schutz, ohne dabei zu fetten, reguliert den Feuchtigkeitshaushalt, hält die Haut geschmeidig und glatt. Des Weiteren sagt man ihm eine Festigung des Bindegewebes nach und es soll auch der Faltenbildung vorbeugen. Jojobaöl ist für alle Hauttypen geeignet, da es dem hauteigenen Talg am ähnlichsten und nicht komedogen ist.

LEINÖL wird aufgrund seiner feuchtigkeitsspendenden Eigenschaften bei trockener, empfindlicher Haut empfohlen. Es enthält viele mehrfach ungesättigte Fettsäuren wie Alpha-Linolensäure und Vitamine. Leider ist es weniger lange haltbar als andere Öle, da es sich jedoch auch ernährungsphysiologisch sehr positiv auf den Körper auswirkt, kannst du den Rest perfekt in deine Ernährung integrieren (siehe auch Ölziehen), um es schneller zu verbrauchen. Bedauerlicherweise ist es stark komedogen und deshalb für fettige Haut nicht zu empfehlen.

MANDELÖL ist mit vielen B-Vitaminen und Mineralstoffen ein wertvolles Pflanzenöl, erzeugt ein weiches Hautgefühl und zieht dabei tief in die Haut ein. Da es wenig komedogen ist, kann es von allen Hauttypen genutzt werden.

OLIVENÖL ist ein relativ fettendes Öl, welches einen leichten Film hinterlässt. Es zieht langsam, dafür auch in tiefere Hautschichten ein und bietet somit langanhaltenden Schutz. Es ist speziell für trockene, spröde und raue Haut geeignet, kann jedoch auch auf fettiger Haut verwendet werden, da es nur wenig komedogen ist.

RAPSÖL hinterlässt einen langanhaltenden Schutzfilm auf der Haut und zieht tief ein. Es ist vor allem für trockene und empfindliche Haut bestens geeignet.

RIZINUSÖL besitzt eine reinigende Wirkung auf fettige und unreine Haut, versorgt trockene Haut mit Feuchtigkeit, bindet bei reiferer Haut, durch den hohen Vitamin-E-Gehalt, freie Radikale und versorgt sie mit Kollagen und Elastin. Bei regelmäßiger Anwendung hat es auch positive Effekte auf das Haarwachstum und die Stärkung der Haarwurzel und wird deshalb gerne als Wimpernserum oder Haarkur benutzt. Rizinusöl ist nicht komedogen.

SESAMÖL hat einen hohen Anteil an Antioxidantien, schützt vor freien Radikalen und beugt somit der Hautalterung vor. Es fördert die Durchblutung und somit die Regeneration und Neubildung von Hautzellen. Da es leicht wärmt, wird es gerne als Basis für Massageöle verwendet und sonst ist es perfekt für trockene und reife Haut, kann aber auch bei Mischhaut benutzt werden, da es nur wenig komedogen ist.

SONNENBLUMENÖL besitzt einen hohen Linolsäuregehalt und einen relativ geringen Anteil an gesättigten Fettsäuren, dies führt dazu, dass es sich leicht auf der Haut anfühlt und auch bestens für fettige Haut geeignet ist. Zudem wirkt es leicht entzündungshemmend und ist auch in Bioqualität ein sehr günstiges Öl.

TRAUBENKERNÖL ist reich an Antioxidantien, fettet nicht und zieht sehr gut und tiefenwirksam ein. Da es den Talgfluss reguliert und die Elastizität und zugleich Feuchtigkeit bewahrt, ist es für alle Hauttypen, jedoch besonders für fettige Haut geeignet.

WALNUSSÖL hat einen hohen Anteil an Vitamin E, zieht schnell und tiefenwirksam ein, schützt vor freien Radikalen und beugt somit der Hautalterung vor. Es ist sowohl für reife, eher trockene und anspruchsvolle Haut als auch fettige, unreine Haut geeignet.

WEIZENKEIMÖL ist sehr reichhaltig, pflegt intensiv und hinterlässt einen sanften Schutzfilm auf der Haut. Es festigt das Gewebe, hält die Haut elastisch und reguliert den Stoffwechsel und somit die Zellerneuerung. Leider hat es einen starken Eigengeruch und ist stark komedogen, also nicht für fettige, unreine Haut geeignet.

WIRKSTOFFÖLE verwendet man in Cremes und anderen Kosmetika nicht als Hauptbestandteil, sondern immer zu einem geringen Anteil, um das Produkt mit wertvollen Wirkstoffen zu verbessern. Einige findest du im Onlineshop oder du kannst dir jederzeit einen Ölauszug selbst herstellen und dazu ein Basisöl verwenden, welches deinem Hauttyp entspricht, so vereinst du beide Vorteile miteinander. Einziger Nachteil ist, dass es etwas länger dauert bis du mit dem Rühren beginnen kannst, aber das Ergebnis wird dich dafür entschädigen.

WILDROSENÖL oder auch HAGEBUTTENÖL enthält viele ungesättigte Fettsäuren, Vitamin A und C, beugt Schwangerschaftsstreifen, Altersflecken und Falten vor. Es ist besonders für trockene und reifere Haut geeignet, findet aber auch bei Narben und leichten Verbrennungen Anwendung.

NACHTKERZENÖL wirkt entzündungshemmend und regenerierend, außerdem beugt es Hautreizungen, Mitessern und Altersflecken vor. Bei Schuppenflechte und Neurodermitis wirkt es besonders beruhigend und feuchtigkeitsspendend. Ein Allrounder, der nicht nur für trockene und empfindliche Haut bestens geeignet ist, sondern bei allen Hauttypen beliebt ist.

RINGELBLUMENÖL ist ein wahres Naturtalent bei Wunden und Entzündungen wie Sonnenbrand, leichten Brandwunden oder Ekzemen. Es fördert das Wachstum neuer Hautzellen und wirkt entzündungshemmend sowie antibakteriell. Es ist bei regelmäßiger Anwendung vor allem für trockene, sensible, zu Schuppen neigender Haut geeignet.

SANDDORNFRUCHTFLEISCHÖL enthält eine Kombination an Vitamin E und Provitamin A, welche freie Radikale bindet und vor Sonne, Wind und Trockenheit schützt. Es beugt zudem der Hautalterung vor und macht trockene Haut elastischer.

BROKKOLISAMENÖL ist vor allem bei der Verwendung für Haarpflegemittel sehr beliebt, da es deinen Haaren einen schönen Glanz verleiht, ohne dass es fettige Strähnen bildet. Der natürliche Silikonersatz gilt als stark konditionierend und glättend.

Ölauszug / Mazerat

Durch einen Ölauszug kannst du ein bereits hervorragendes Öl noch anreichern und verbessern.

Man unterscheidet im Wesentlichen zwischen einem kalten und einem warmen Ölauszug. Die Ernte der Pflanzenteile sollte möglichst um die Mittagszeit herum bei trockenem Wetter erfolgen und zum Antrocknen kannst du sie dann auf ein Tuch im Schatten legen, bevor du am Abend mit der Verarbeitung weiter machst. Bei einem kalten Ölauszug füllst du frisch gesammelte, angetrocknete und möglichst kleingeschnittene Pflanzenteile in ein Schraubglas und füllst dieses randvoll mit deinem Träger-/Basisöl. Dies kann ein Sonnenblumenöl, Olivenöl, Distelöl oder auch anderes Öl deiner Wahl sein. Hier sind raffinierte Öle, der längeren Haltbarkeit wegen, den nativen Ölen vorzuziehen, da diese schneller ranzig werden. Lass deine Wahl am besten von deinem Hauttyp und der späteren Verwendung beeinflussen.

Nun wird das Glas geschlossen und mit einem Tuch abgedeckt stehen gelassen. Suche dafür einen warmen Ort (nicht in der prallen Sonne) und schüttle das Glas spätestens alle 2 Tage etwas, für 2–4 Wochen, bevor du das Öl durch ein Tuch von den Pflanzenteilen trennst. Drücke dabei das Öl nicht durch das Tuch, sondern lass es nur durchlaufen und entferne den Rest. Fülle dein fertiges Ölmazerat am besten in eine dunkle Flasche zum Aufbewahren und beschrifte es mit Namen und Datum der Herstellung sowie dem Mindesthaltbarkeitsdatum deines Trägeröls.

MÖGLICHE PFLANZEN UND DEREN WIRKUNG FÜR EIN ÖLMAZERAT:

PFLANZE	PFLANZENTEIL	WIRKUNG
Kamille	Blüten	beruhigend, heilend
Lavendel	Blüten	entzündungshemmend, beruhigend
Hagebutte	Blüten, Schale der Frucht	zellerneuernd
Johanniskraut	Blüten	wundheilend (Achtung: macht deine Haut empfindlicher gegenüber UV-Strahlung)
Gänseblümchen	Blüten	straffend, erhöht die Spannkraft der Haut
Giersch	Blätter	gut bei Rheuma und Arthrose
Ringelblume	Blüten	wundheilend, entzündungshemmend
Gundermann	Blüten und Blätter	wundheilend

Ein warmer Ölauszug entsteht, wenn du Öl und kleingeschnittene Pflanzenteile über einen Zeitraum von 2–3 Stunden langsam im Wasserbad erwärmst (max. 50 °C). Fertig ist es, wenn sich die Pflanzenteile am Boden absetzen und nicht mehr oben schwimmen. Achte bei dieser Herstellung darauf, dass kein Wasser in dein Öl spritzt und filtere es anschließend wieder durch ein Tuch. Diese Methode geht wesentlich schneller als der kalte Auszug, ist jedoch auch nicht so schonend für die Inhalts- und Wirkstoffe des Öls und der Pflanzenteile.

Die Natur stellt uns eine schier endlose Auswahl an Pflanzen zur Verfügung, die sich für einen Ölauszug eignen. Diese alle hier aufzuführen würde aber den Rahmen sprengen, jedoch werden dir im Laufe der Rezepte immer wieder welche begegnen – versprochen.

Feste Fette und Pflanzenbutter

KAKAOBUTTER besteht größtenteils aus ungesättigten Fettsäuren und enthält viel Vitamin E und K. Sie eignet sich perfekt für trockene, rissige und reifere Haut, da sie nicht nur die Regeneration ankurbelt, sondern sich wie ein Schutzfilm über die Haut legt und doch tiefenwirksam einzieht. Leider ist sie stark komedogen und bei fettiger und unreiner Haut nur sehr sparsam bzw. nicht pur zu empfehlen.

MANGOBUTTER ist ein wahrer Allrounder, denn sie zieht schnell ein und spendet Feuchtigkeit. Sie macht deshalb nicht nur normale Haut seidig zart, sondern ist eine der wenigen Fette, die optimal ist für fettige Haut.

SHEABUTTER schützt besonders trockene und empfindliche Haut, spendet Feuchtigkeit und wird nicht nur deswegen auch gerne bei Neurodermitis pur verwendet. Zudem ist sie nicht komedogen und ist auch in Produkten für fettige Haut sehr zu empfehlen.

CUPUACUBUTTER ähnelt bei den Inhaltsstoffen und der Anwendung sehr der Sheabutter, zeichnet sich jedoch durch eine noch stärkere Wasserbindungskraft aus und ist somit der optimale Feuchtigkeitsspender für alle Hauttypen.

KOKOSÖL dringt schnell, aber nur oberflächlich in die Haut ein und erzeugt ein weiches Hautgefühl ohne zu fetten. Es hat einen sehr niedrigen Schmelzpunkt (bei Zimmertemperatur) und ist mittel komedogen, wodurch es sowohl als Konsistenzgeber in Cremes als auch in der Anwendung für fettige Haut eher ausscheidet.

Hydrolate

HYDROLATE entstehen beim Destillationsprozess von Pflanzen. Dieser dient hauptsächlich dazu, an die ätherischen Öle zu kommen. Das Hydrolat ist das Nebenprodukt, jedoch enthält es ebenso Wirkstoffe aus der Pflanze und ist ein wichtiger Bestandteil in der Naturkosmetik.

BIRKENWASSER wirkt wundheilend, antiseptisch, haarwuchsfördernd und reizmildernd und ist bestens für trockene, sensible Haut geeignet.

HAMMAMELISWASSER desinfiziert, hemmt Entzündungen, lindert Juckreiz und fördert allgemein die Wundheilung. Da es außerdem adstringierend wirkt, ist es perfekt für fettige, unreine und großporige Haut.

KAMILLENHYDROLAT wirkt beruhigend und reinigend auf gestresste Haut und eignet sich grundsätzlich für alle Hauttypen.

ORANGENBLÜTENWASSER oder auch NEROLIHYDROLAT wirkt hautstraffend, entzündungshemmend und reinigend und ist somit für alle Hauttypen, im Besonderen für unreine sowie gestresste Haut, zu empfehlen.

ROSENWASSER klärt das Hautbild und verlangsamt den Alterungsprozess. Es wirkt zudem entzündungshemmend und beruhigend und ist deshalb vor allem für trockene, sensible und reifere Haut geeignet.

LAVENDELHYDROLAT hat eine beruhigende und entzündungshemmende Wirkung und fördert die Wundheilung. Am besten eignet es sich für sensible und gestresste Haut, aber auch alle anderen Hauttypen profitieren von den positiven Eigenschaften des Lavendels.

SALBEIHYDROLAT hemmt Entzündungen, fördert allgemein die Wundheilung und wirkt desinfizierend und adstringierend. Es ist perfekt für fettige und unreine Haut geeignet.

PFEFFERMINZHYDROLAT klärt das Hautbild und entfaltet eine entzündungshemmende, leicht kühlende und beruhigende Wirkung auf die Haut. Besonders fettige und unreine Haut fühlt sich nach einer Anwendung frisch und rein an.

Ein Hydrolat kannst du dir auch selber herstellen. Dazu benötigst du einen Topf mit Deckel, ein Sieb, eine kleine feuerfeste Schüssel, Eiswürfel, Wasser und Blüten/Blätter der Pflanze, deren Hydrolat du herstellen möchtest. Ich habe zum Beispiel im Sommer jede Menge Rosmarin, Lavendel und Rosen in meinem Garten und einen Teil der Blüten und Blätter nutze ich, um mir ein Hydrolat herzustellen. Falls du keine eigenen Kräuter hast und welche kaufst (z. B. im Onlineshop) achte darauf, dass es sich um Ware aus biologischem Anbau handelt. Dasselbe gilt natürlich für deine eigenen gesammelten Pflanzenteile, bzw. sollten sie nicht direkt neben einer viel befahrenen Straße gewachsen sein, da sie sonst stark mit Schadstoffen belastet sein können.

Zuerst gibst du in den Topf etwas (ca. 300 ml) Wasser, stellst dann das Sieb hinein und in das Sieb stellst du die Schüssel. Wichtig dabei ist, dass das Sieb das Wasser nicht berühren darf. Nun verteilst du deine Blätter um die Schüssel herum im Sieb und legst den Deckel verkehrt herum auf den Topf. Auf den Deckel gibst du die Eiswürfel. Jetzt muss das Ganze nur noch auf dem Herd erhitzt werden und der aufsteigende Wasserdampf dringt durch die Blätter, löst wertvolle Inhaltsstoffe und ätherische Öle heraus und wandert weiter nach oben an den Deckel, kondensiert dort und tropft am Griff des Deckels entlang nach unten in die Schüssel. Et voilà, fertig ist dein Hydrolat. Da es nicht konserviert ist, solltest du es in einem geschlossenen Behälter im Kühlschrank aufbewahren und innerhalb einer Woche verwenden. Du kannst es aber auch mit einem Anteil von etwa 5–10 % Weingeist haltbarer machen und es so sogar 1–2 Monate im Kühlschrank aufbewahren.

Pflanzenauszug / Tee

Unter einem Pflanzenauszug versteht man die gelösten Pflanzenwirkstoffe in Wasser. Übergieße dazu die Kräuter oder Pflanzenbestandteile mit 50 °C warmem Wasser und lasse sie für 1–2 Stunden ziehen. Wenn es schneller gehen soll, kannst du die Kräuter auch wie bei einem Tee mit kochendem Wasser übergießen und ziehen lassen, bis alles abgekühlt ist. Anschließend jeweils die festen Bestandteile mittels Kaffeefilter herausfiltern.

Alkoholtinktur

Eine Tinktur beinhaltet die Auszüge wertvoller Pflanzenbestandteile und ist einfach selber herzustellen. Du benötigst dazu in etwa eine Handvoll Blätter, Blüten oder Wurzeln einer Pflanze und 250 ml Alkohol mit einem Alkoholgehalt von mindestens 38 % Vol. (z. B. Wodka, Korn oder besser Weingeist mit 95 % Vol.). Es gilt, je höher der Alkoholgehalt, desto mehr Inhaltsstoffe der Pflanze werden gelöst. Die Pflanzenteile werden am selben Tag nach dem Ernten verarbeitet und dafür erst luftig, aber nicht in der prallen Sonne einige Stunden angetrocknet und dann möglichst klein geschnitten. Nun gibt man die Pflanzenteile und den Alkohol in ein Schraubglas und verschließt es. Alle Pflanzenteile sollten mit Alkohol bedeckt sein, gegebenenfalls solltest du noch etwas nachfüllen. Decke das Glas mit einem Tuch ab und stelle es für mindestens 1–4 Wochen an einen warmen Ort (nicht in die pralle Sonne). Es gilt, je länger du es stehen lässt, umso mehr Inhaltsstoffe werden gelöst. Ab und zu kannst du das Glas etwas schütteln. In dieser Zeit lösen sich die pflanzlichen Wirkstoffe und die Farbe aus deiner Pflanze und gehen in den Alkohol über. Nach frühestens 2 Wochen kannst du die Tinktur absieben, bzw. über einen Kaffeefilter oder ein Tuch klären und in eine Flasche abfüllen. Bei einem hohen Schwebestoffanteil kannst du die Tinktur auch mehrmals filtern, um eine klare Flüssigkeit zu erhalten.

PFLANZE	PFLANZENTEIL	WIRKUNG	ANWENDUNG TINKTUR ÄUSSERLICH	SONSTIGE VERWENDUNG
Arnika	Blüten	bei Prellungen, Verstauchungen, Wunden	verdünnt direkt oder in einer Creme	Ölauszug, Tee
Efeu	Blätter	straffend	verdünnt direkt oder in einer Creme	als Waschmittel
Lavendel	Blüten	entzündungshemmend, beruhigend, antibakteriell	in einer Creme	Tee, Ölauszug, Hydrolat
Löwenzahn	Blüten, Blätter, Wurzel	blutreinigend, tonisierend	in einer Creme	Tee, Ölauszug
Salbei	Blätter	adstringierend, entzündungshemmend	in einer Creme, einem Deo oder Mundwasser	Tee, Ölauszug, Hydrolat

So lassen sich aus vielen wertvollen Kräutern, Blumen und Bäumen die tollsten Tinkturen herstellen und alleine mit deren Wirkweise und Anwendung kann man einen sehr großen Teil seiner Hausapotheke oder seines Kosmetikschranks füllen. In einigen Rezepten wirst du auch deren Verwendung finden und hier gehe ich nur noch kurz auf ein paar Möglichkeiten ein. Natürlich kannst du auch verschiedene Pflanzen/-teile miteinander kombinieren. Die Mengenangaben sind nun relativ vage gehalten, du kannst diese auch runterrechnen auf eine kleinere Menge oder der Größe deines Gefäßes anpassen. Im Grunde ist nur wichtig, dass alle Pflanzenteile bedeckt sind und je länger es steht, umso stärker wird der Auszug an wertvollen Inhaltsstoffen. Da wir die Tinkturen nur äußerlich anwenden, gibt es dabei kein Zuviel an Wirkstoffen.

Ätherische Öle

Ätherische Öle sind natürliche Substanzen, die von Pflanzen gebildet werden, und haben weitreichende Wirkungen auf die Haut und auch auf die Psyche. Wichtig beim Einkauf ist darauf zu achten, dass es sich um 100 % naturreine ätherische Öle und nicht um Duftöle handelt. Bei der Verwendung solltest du beachten, dass jedes ätherische Öl auch allergene Stoffe enthält. Benutze ätherische Öle deshalb nie pur auf der Haut und beginne in Produkten anfangs mit einer geringen Dosierung und steigere erst nach der Testung auf deiner Haut. Unterscheide dabei auch das Anwendungsgebiet, denn in einem Duschgel, welches nach kurzer Zeit abgewaschen wird, ist die Wirkung auf die Haut eine andere als in einer Creme, welche auf der Haut verbleibt.

VORZÜGE UND WIRKWEISE:

ÄTHERISCHES ÖL	WIRKUNG AUF DIE HAUT
Basilikum	antiseptisch
Bergamotte	keimtötend
Geranie	reinigend, entzündungshemmend, zellregenerierend, beruhigt die Haut und lässt den Teint strahlen
Grapefruit	entzündungshemmend, durchblutungsfördernd, klärt und strafft
Ingwer	antibakteriell, entgiftend, durchblutungsfördernd, wärmend
Jasmin	antiseptisch, hautberuhigend
Kamille	entzündungshemmend, fördert die Wundheilung, zellregenerierend, regt den Hautstoffwechsel an, klärt die Haut
Lavendel	antibakteriell, entzündungshemmend, durchblutungsfördernd, zellerneuernd
Limette	hemmt die Schweißbildung, antiseptisch, adstringierend, strafft die Haut
Mandarine	antiseptisch, hautregulierend, strafft die Haut
Orange	reinigend, adstringierend, klärt und strafft die Haut
Palmarosa	antiseptisch, talgregulierend, entzündungshemmend, durchblutungsfördernd
Pfefferminze	kühlend, antiseptisch, entzündungshemmend, durchblutungsfördernd, zellregenerierend
Rosenöl	antiseptisch, entzündungshemmend, zellregenerierend, glättet die Haut
Rosmarin	antiseptisch, entzündungshemmend, durchblutungsfördernd, zellregenerierend
Salbei	stark antiseptisch, entzündungshemmend, adstringierend, talgregulierend, strafft die Haut
Teebaumöl	stark antiseptisch, entzündungshemmend, adstringierend, talgregulierend, strafft die Haut
Wacholder	stark antiseptisch, entzündungshemmend, entgiftend, strafft die Haut
Weihrauch	antiseptisch, entzündungshemmend, stark zellregenerierend
Ylang-Ylang	entzündungshemmend, feuchtigkeitsspendend, hautregenerierend
Zedernholz	antiseptisch, entzündungshemmend, durchblutungsfördernd, zellregenerierend, strafft die Haut
Zitrone	stark antiseptisch, entzündungshemmend

WIRKUNG AUF DIE PSYCHE	FÜR WELCHEN HAUTTYP?
wirkt belebend und stimulierend	alle Hauttypen
wirkt ausgleichend	unreine, fettige Haut und bei Akne
beruhigend, lindert Angstzustände	alle Hauttypen
erfrischend, belebend, schafft klare Gedanken	bei unreiner, fettiger Haut und Akne, beugt Cellulite vor
anregend, euphorisierend, fördert die Entscheidungskraft, löst innere Blockaden	alle Hauttypen
beruhigend, hebt die Stimmung	bei trockener, empfindlicher und gereizter Haut
stark beruhigend und ausgleichend	alle Hauttypen
beruhigend, hebt die Stimmung, löst Ängste, schlaffördernd	alle Hauttypen
aufmunternd, energiespendend	bei unreiner, fettiger Haut und Akne, beugt Cellulite vor
aufmunternd, energiespendend, löst Ängste	bei unreiner, fettiger Haut und Akne, beugt Schwangerschaftsstreifen vor, vor allem rotes Mandarinenöl hilft gegen Cellulite
hebt die Stimmung, löst Ängste	alle Hauttypen, beugt Cellulite vor, gegen Hautalterung
beruhigend, entspannend	bei unreiner, fettiger Haut und Akne
belebend, konzentrationsfördernd, gibt Selbstvertrauen	bei unreiner, fettiger Haut und Akne
harmonisierend, entspannend, sorgt für positive Gedanken	alle Hauttypen, besonders reife und anspruchsvolle Haut
belebend, vitalisierend	bei unreiner, fettiger Haut und Akne
anregend, stabilisierend, löst Ängste	bei unreiner, fettiger Haut und Akne, gegen Hautausschlag und Juckreiz
anregend, stabilisierend	bei fettiger, unreiner Haut und Akne
beruhigend, kräftigend, konzentrationsfördernd	bei unreiner, fettiger Haut, beugt Cellulite vor
beruhigend, entspannend	alle Hauttypen, vor allem für reife, anspruchsvolle Haut
ausgleichend, beruhigend, aphrodisierend	alle Hauttypen
entspannend, beruhigend, harmonisierend	bei unreiner, fettiger Haut und Akne, hilft bei Cellulite
anregend, vitalisierend, inspirierend	bei unreiner, fettiger Haut und Akne, hilfreich bei Insektenstichen

Wirkstoffe

KONSISTENZGEBER MIT WIRKUNG

BIENENWACHS (Schmelzpunkt 60–65 °C) bildet einen zarten Schutzfilm, der vor äußeren Einflüssen (Kälte, Nässe, ...) und vor Feuchtigkeitsverlust schützt. Besonders eignet es sich also bei trockener, spröder und gereizter Haut. Es findet vor allem Verwendung in Cremes und Lippenpflegeprodukten, da es den Produkten eine festere Konsistenz gibt. Gerade beim Bienenwachs (und Honig) ist es wichtig zu wissen, wie der Imker damit umgegangen ist und wie er es behandelt hat, um Schadstoffe in deinen Produkten zu vermeiden. Am besten fragst du einen Imker in deiner Nähe, wie er das Wachs behandelt und ob er dir etwas davon verkaufen kann.

BEERENWACHS (Schmelzpunkt ca. 50 °C) und Sonnenblumenwachs (Schmelzpunkt ca. 75 °C) erfüllen die gleichen Voraussetzungen wie Bienenwachs und sind eine vegane Alternative zu diesem. Beachte beim Sonnenblumenwachs den hohen Schmelzpunkt und dass dementsprechend deine Öle nicht hitzeempfindlich sein sollten.

CETYLALKOHOL gehört zu den sogenannten Fettalkoholen. Die kleinen weißen Plättchen kommen natürlicherweise in Pflanzenölen, Wachsen und tierischen Fetten vor und werden heute hauptsächlich aus Kokosöl, Palmöl aber leider auch Erdöl gewonnen. Achte da bitte beim Einkauf darauf, dass es sich um einen Stoff aus pflanzlicher Herkunft handelt. Cetylalkohol kann sehr gut Wasser binden und sorgt dafür, dass Cremes schneller in die Haut einziehen. Verwendung findet er hauptsächlich als Konsistenzgeber, kann aber auch super als Co-Emulgator fungieren.

FEUCHTIGKEITSSPENDER

ALOE-VERA-GEL: Die Aloe-vera-Pflanze ist eine sehr alte Heilpflanze und enthält viele wichtige Enzyme, Mineralien und Spurenelemente. Sie besteht aus drei Schichten: der Rinde (für uns keine Verwendung), dem Saft/Harz (giftig) und dem Gel. Dieses wirkt antibakteriell, entzündungshemmend und feuchtigkeitsspendend. Vor allem bei Sonnenbrand oder anderen leichten Verbrennungen ist es eine Wohltat für deine Haut, das gekühlte Gel pur oder verarbeitet in einer Creme aufzutragen. Achte beim Kauf auch hierbei auf Bio-Qualität und auf eine mindestens 99 %ige Reinheit.

TIPP: Aloe-vera-Gel kannst du jederzeit frisch von einer eigenen Pflanze ernten (sie sollte älter als 3 Jahre sein und mehr als 10 Blätter haben, um die wertvollen Wirkstoffe zu enthalten). Wasche deine Hände und desinfiziere alle Utensilien. Schneide zuerst das unterste Blatt der Pflanze direkt am Stamm etwas ein und zieh es nach unten weg. Nun schneide die untersten 2–3 cm des Blattes ab und stell das Blatt senkrecht in ein Glas. Es tritt eine gelbe Flüssigkeit (Harz) aus, welche Hautirritationen hervorruft. Nach einer Stunde etwa ist dies vollständig abgetropft. Entferne nochmal 2 cm vom Ende des Blattes, um das Harz restlos zu entfernen. Jetzt kannst du die Rinde an einer Seite des Blattes flach abtrennen und das wertvolle Aloe-vera-Gel mit einem Löffel aus dem Blatt schaben. Sollte es im Moment mehr sein als du brauchst, kannst du es mixen und z. B. in einem Eis-

würfelbereiter portionsweise einfrieren und so jederzeit entnehmen, wenn du es wieder brauchst. Durch die Zugabe von 1 g Vitamin-C-Pulver auf 100 g Aloe-vera-Gel kannst du es auch haltbarer machen und es im Kühlschrank für mehrere Wochen aufbewahren.

HONIG versorgt trockene Haut mit Feuchtigkeit und macht sie zart und geschmeidig. Außerdem hat er entzündungshemmende Eigenschaften auf die Haut und fördert somit die Wundheilung.

HARNSTOFF (UREA) ist ein feuchtigkeitsbindender Wirkstoff in Pflegeemulsionen, als juckreizstillender und verhornungsregulierender Zusatz für empfindliche, allergische Haut und Akne. Heute wird es jedoch meistens synthetisch hergestellt, weshalb es nicht für Naturkosmetik zugelassen ist. Es ist jedoch sehr gut verträglich und es gibt keine Nebenwirkungen, deshalb ist es dir überlassen, ob du damit arbeiten möchtest oder nicht.

GLYCERIN ist eine körpereigene Substanz und Bestandteil unseres hauteigenen Feuchthaltesystems. Die beeindruckende hydratisierende Wirkung von pflanzlichem Glycerin als verträglichem Feuchtigkeitsspender liegt in der Stabilisierung der Hautbarriere, fördert die Feuchtigkeitsbindung bis in die tiefe Hornschicht der Haut und somit deren Elastizität.

GELBILDENDE STOFFE

XANTHAN ist ein natürliches Verdickungs- und Geliermittel mit hervorragenden stabilisierenden, verdickenden und gleichzeitig hautfreundlichen Eigenschaften und wird sowohl in Cremes, Lotionen und Gelen als auch in Shampoos und Duschgelen verwendet.

LEINSAMEN oder FLOHSAMENSCHALEN wirken ebenfalls gelbildend und beides enthält zusätzlich einige Nährstoffe, die reinigend, vitalisierend und hautpflegend wirken. Leinsamen binden zudem Feuchtigkeit und ein Leinsamengel in Cremes wirkt super hydratisierend und nährend.

Leinsamengel selbst gemacht:

- 30 g Leinsamen
- 350 g Wasser
- 1 TL Zitronensäure

Bringe alles in einem Topf zum Kochen und rühre währenddessen immer wieder um. Anschließend kannst du die Hitze auf ein Minimum reduzieren und immer wieder testen, ob du mit der Konsistenz bereits zufrieden bist. Es sollte schön gelartig sein aber noch nicht zu zäh, denn sonst kannst du das Ganze nur schwer sieben. Sollte es zu dickflüssig geworden sein, kannst du es mit etwas Wasser verdünnen. Nun siebst du dein Gel über ein feines Sieb in einen luftdicht verschließbaren Behälter und fertig ist dein Leinsamengel. Das Gel solltest du im Kühlschrank aufbewahren und zügig verbrauchen. Auch die abgesiebten Leinsamen kannst du im Kühlschrank aufbewahren und sogar noch zweimal zum Herstellen von Gel verwenden, bevor du sie entsorgst.

SILIGEL ist ein leicht zu verarbeitender Wirkstoff, der als Gelier- und Verdickungsmittel, Stabilisator, Co-Emulgator oder Suspensionsmittel dient. Zusätzlich wirkt Siligel aber auch als Additiv zur Verbesserung des Hautgefühls und zur Reduzierung der transepidermalen Wasserverluste.

TONERDEN

HEILERDE wird durch eiszeitliche Lössablagerungen gewonnen und enthält viele Mineralien, wie Magnesium, Calcium und Zink. Sie wird besonders bei fettiger/unreiner Haut, Neurodermitis, Schuppenflechte und trockenen Haarspitzen sowie fettiger Kopfhaut angewandt. Du kannst Heilerde in Masken, Packungen, Wickel, Bädern und sogar Cremes verwenden.

LAVA-ERDE kommt aus dem Atlasgebirge in Marokko und enthält unter anderem Natrium, Calcium, Magnesium und Silizium. Die kleinen Partikel haben eine extrem hohe Austauschkapazität. Das bedeutet, sie saugen Schmutz und Fett auf und können danach problemlos abgespült werden. Diese Eigenschaft macht Lava-Erde besonders attraktiv als Shampoo oder in Masken und Peelings.

KAOLIN ist ein feiner weißer Ton mit hoher absorbierender Wirkung. Besonders geeignet ist es für empfindliche, trockene Haut, da es Toxine und Schmutz absorbiert aber dabei nicht austrocknet. Zudem nährt es die Haut mit wichtigen Mineralien und desinfiziert Entzündungen.

GRÜNE TONERDE (Mineralerde) enthält einen höheren Anteil an Spurenelementen, regt die Hauterneuerung an und bindet überschüssigen Talg und Schmutz. Zudem wirkt sie bis in tiefe Gewebeschichten entzündungshemmend und ist deshalb besonders für fettige, unreine Haut empfehlenswert, aber auch für normale Haut geeignet.

KONSERVIERENDE INHALTSSTOFFE

Um deine Substanzen länger haltbar zu machen, kannst du ihnen auch besondere Zutaten mit konservierenden Eigenschaften hinzufügen. Die folgenden Mittel haben verschiedene Wirkungsweisen und können die Haltbarkeit deiner Produkte um einige Wochen bis hin zu ein paar Monaten verlängern.

Am einfachsten ist es, einige Spritzer ZITRONENSAFT hinzuzugeben. Da dies jedoch nicht bei allen Rezepten ratsam ist, gibt es noch einige andere natürliche Konservierungsmittel.

Wenn du beispielsweise ÄTHERISCHE ÖLE verwendest, achte auf deren Eigenschaften. Einige Öle wie Lavendel, Minze oder Teebaumöl wirken antibakteriell und gegen Schimmel.

VITAMIN E, oft als Tocopherol bezeichnet, kann in Ölhaltigem verwendet werden, um das Ranzigwerden von Ölen hinauszuzögern. Zusätzlich wirkt es entzündungshemmend, zellerneuernd und schützt vor freien Radikalen. Allerdings gilt beim Vitamin E eindeutig nicht die Maxime: viel hilft viel. Verwende maximal 2–3 % in deinen Produkten. Von Natur aus viel Vitamin E ist in Walnussöl, Arganöl und Jojobaöl enthalten.

Insbesondere Produkte mit einem hohen Wasseranteil bieten Keimen eine gute Basis zur Vermehrung. Daher gilt die Faustformel: je höher der Wasseranteil, desto kürzer die Haltbarkeit. Cremes mit hohem Wasseranteil halten ohne Konservierungsmittel nur wenige Tage und sollten am besten im Kühlschrank aufbewahrt werden. Ein mögliches Konservierungsmittel ist HOCHPROZENTIGER ALKOHOL, am besten Bio-Weingeist mit 95 % Vol. Alkoholgehalt. Alternativ funktioniert auch Korn oder Wodka, solange dich der Geruch nicht stört. Vergällter Alkohol (z. B. Spiritus) ist dagegen nicht zu empfehlen, da er allergene Zusatzstoffe beinhaltet.

Es gibt auch für Naturkosmetik zugelassene, natürliche Konservierungsmittel, z. B. BIOKONS PLUS, BIOGARD oder ROKONSAL. Dabei ist es immer ratsam, sich an die Herstellerangaben zu halten.

Vieles mehr … das Spektrum von heilenden und pflegenden Rohstoffen ist unglaublich vielfältig und wir werden im Laufe noch viele kennenlernen. Zu diesem Zeitpunkt nun aber genug von der Theorie. ES WIRD ZEIT ZU RÜHREN.

KAPITEL 3

GESICHT

GESICHTSREINIGUNG

strahlend sauber

Die Basis für eine perfekte Hautpflege ist eine gründliche Reinigung. Die Haut erneuert sich täglich, frische Zellen wandern an die Oberfläche und alte sterben ab. Diese abgestorbenen Hautzellen, Schmutz und Talg können deine Poren verstopfen. Dies kann zu Unreinheiten führen und die Wirkstoffe deiner Pflegeprodukte können auch nicht mehr so gut von deiner Haut aufgenommen werden. Sie verstopfen im schlimmsten Fall die Poren zusätzlich. Ein guter Reiniger sollte deshalb Talg, Schmutz und abgestorbene Hautzellen sanft entfernen, um deine Haut optimal auf die Pflegewirkstoffe und die Regenerationszeit in der Nacht vorzubereiten. Über Nacht entgiftet die Haut, regeneriert sich und bildet weiter Talg. Deshalb solltest du dein Gesicht unbedingt auch morgens mild reinigen, bevor du eine Tagespflege aufträgst. In diesem Kapitel erfährst du, dass dafür gar keine langen, komplizierten Zutatenlisten nötig sind.

HAUTTYP	WELCHE ERDE	WELCHES ÄTHERISCHE ÖL
normale Haut	grüne Tonerde	Orange, Mandarine, Rose
Mischhaut, fettige/unreine Haut	Heilerde oder Lava-Erde	Salbei, Rosmarin, YlangYlang
trockene und empfindliche Haut	Kaolin	Lavendel, Jasmin, Kamille, Geranie

Beginnen wir mit einem Produkt, das perfekt ist für deine abendliche Reinigungsroutine. Es entfernt zuverlässig aber sanft Make-up, Schmutz und abgestorbene Hautzellen.

REINIGUNGSPASTE

AUFWAND: leicht – mittel
ZUBEREITUNGSZEIT: 10 min.
SCHWIERIGKEITSGRAD: leicht
UTENSILIEN: Wasserbad, 1 hohes Gefäß, Spatel und 1 Tiegel (50 ml) zur Aufbewahrung

Zutaten für ca. 50 ml:

10 g gemahlene Haferflocken
8 g fein geriebene Mandeln
7 g grüne Tonerde/Heilerde/Lava-Erde/Kaolin
5 g Amaranth/Mohn
15 g Kokosöl
2 g Rizinusöl
10 Tropfen Vitamin-E-Öl
optional: 3 Tropfen ätherisches Öl

Zubereitung:

- Kokosöl im Wasserbad langsam schmelzen. Nebenbei alle trockenen Zutaten gut verrühren. Geschmolzenes Kokosöl, die Öle und trockenen Zutaten zusammenmischen und gut verrühren. Solltest du kein Rizinusöl zur Hand haben, kannst du es auch durch ein anderes Pflanzenöl deiner Wahl ersetzen, jedoch hat Rizinusöl eine besonders reinigende Wirkung.
- Diese Reinigungspaste ist aufgrund der individuell angepassten Inhaltsstoffe perfekt für jede Haut. Durch die Tonerden werden Fett und Schmutz absorbiert, der Amaranth/Mohn entfernt sanft abgestorbene Hautschüppchen und die Öle, Mandeln und Haferflocken geben Nährstoffe an die Haut ab und pflegen diese sanft.

Anwendung & Haltbarkeit:

- Verreibe eine etwa haselnussgroße Menge der Paste mit einem Schuss Wasser so lang zwischen den Händen, bis eine cremige Konsistenz entsteht. Dann sanft auf dem Gesicht einmassieren. Anschließend mit lauwarmem Wasser gründlich abwaschen.
- Das Produkt ist ca. 3 Monate haltbar, sofern kein Wasser in den Tiegel kommt.

Dieses Produkt ist besonders mild und eignet sich sowohl abends als auch morgens sehr gut zur Gesichtsreinigung.

REINIGUNGSÖL

AUFWAND: gering
ZUBEREITUNGSZEIT: 5 min.
SCHWIERIGKEITSGRAD: leicht
UTENSILIEN: Trichter und Pumpspender (100 ml)

Zutaten für ca. 100 ml:

FÜR NORMALE HAUT / MISCHHAUT:
80 ml Mandel-/Sonnenblumenöl
15 ml Rizinusöl
5 ml Vitamin-E-Öl
3 Tropfen ätherisches Öl

FÜR FETTIGE / UNREINE HAUT:
70 ml Distel-/Traubenkernöl
25 ml Rizinusöl
5 ml Vitamin-E-Öl
3 Tropfen ätherisches Öl

FÜR TROCKENE / REIFE HAUT:
90 ml Aprikosenkern-/Wildrosenöl
5 ml Rizinusöl
5 ml Vitamin-E-Öl
3 Tropfen ätherisches Öl

Zubereitung:
- Alle Zutaten in einen Pumpspender abfüllen, diesen gut schütteln und beschriften.

Anwendung & Haltbarkeit:
- Die Ölmischung mit den Händen auf dem nicht vorgereinigten Gesicht einmassieren. Dann einen Waschlappen mit warmem Wasser tränken und etwa 10 Sekunden auf das Gesicht drücken und anschließend das Öl sorgfältig abwischen. Sollte sich deine Haut nicht gepflegt und weich anfühlen, sondern spannen, gib dem Reiniger weniger oder kein Rizinusöl hinzu. Die Haltbarkeit beträgt ca. 6 Monate, je nach Haltbarkeit der Ausgangsprodukte. Mit diesem Reinigungsöl lässt sich selbst wasserfestes Augen-Make-up entfernen. Dann solltest du aber kein ätherisches Öl hinzugeben, da dieses Irritationen auslösen kann.

HAUTTYP	WELCHES ÄTHERISCHE ÖL
normale/Mischhaut	Ingwer, Lavendel, Pfefferminze, YlangYlang, Rosenöl, Basilikum
fettige/unreine Haut	Zitrone, Limette, Grapefruit, Orange, Zedernholz, Rosmarin, Wacholder, Teebaum
trockene/reife Haut	Kamille, Jasmin, YlangYlang, Geranie, Basilikum, Weihrauch

Mit diesem Reinigungsschaum lässt sich sowohl Schmutz als auch Talg gründlich entfernen.

REINIGUNGSSCHAUM

AUFWAND: mittel

ZUBEREITUNGSZEIT: 5 min. (plus Ausziehzeit, wenn du dein Hydrolat selbst herstellst)

SCHWIERIGKEITSGRAD: leicht

UTENSILIEN: Trichter und Schaumpumpspender

Zutaten für ca. 60 ml:

5 g mildes Tensid: SLSA (Sodium Lauryl Sulfoacetate) oder SCI (Sodium Cocoyl Isethionate). Beides sind Tenside, die besonders mild und für Naturkosmetik zugelassen sind. SCI ist zudem palmölfrei und noch etwas milder als SLSA.

50 g Hydrolat

10 g Aloe-vera-Gel

optional: 3 g pflanzliches Glycerin (besonders bei trockener Haut zu empfehlen)

Zubereitung:

- Gib alle Zutaten in den Schaumpumpspender, verschließe ihn und schüttle ihn kräftig durch, sodass sich alle Zutaten gut miteinander vermischen. Sind deine Zutaten alle gekauft, dann ist das Hydrolat und Aloe-vera-Gel bereits vorkonserviert und die Haltbarkeit deines Reinigungsschaums orientiert sich an der Haltbarkeit deiner Zutaten. Stellst du das Hydrolat selbst her, solltest du es mit 5–10 % Weingeistanteil konservieren. Erntest du dein eigenes Aloe-vera-Gel, solltest du deinen Reinigungsschaum mit etwas Zitronensäure auf einen pH-Wert von 4,5–5 einstellen und vorher gut mixen.

Anwendung:

- Massiere 2–3 Pumpstöße Schaum ins Gesicht und wasche ihn anschließend lauwarm ab.

Warum solltest du nach der Reinigung einen Toner benutzen? Um Kalkablagerungen vom Wasser und Reinigungsrückstände zu entfernen und somit verstopften Poren vorzubeugen.

TONER

AUFWAND: gering

ZUBEREITUNGSZEIT: 5 min. (plus Ausziehzeit, wenn du dein Hydrolat selbst herstellst)

SCHWIERIGKEITSGRAD: leicht

UTENSILIEN: Trichter und Pumpspender

Zutaten:

10 ml Aloe-vera-Gel

5 ml pflanzliches Glycerin

90 ml Hydrolat je nach Hauttyp

Zubereitung:

- Gib alles über einen Trichter in einen Pumpspender und schüttle diesen vor jedem Gebrauch gut durch. Sollte deine Haut spannen, gib doppelt so viel Glycerin hinzu.

Anwendung & Haltbarkeit:

- Einige Tropfen des Gesichtswassers auf ein Wattepad (oder eine wiederverwendbare Alternative) geben und damit über das gereinigte Gesicht wischen. Der Toner ist ca. 3 Monate haltbar, wenn du sowohl Hydrolat als auch Aloe-vera-Gel selbst herstellst. Solltest du Aloe-vera-Gel und Hydrolat kaufen, ist beides bereits vorkonserviert und die Haltbarkeit deines Toners hängt von dem Mindesthaltbarkeitsdatum dieser Rohstoffe ab.

Versuche dich an deinem eigenen Pflanzenwasser:

- Übergieße beispielsweise 1 EL Rosmarin mit 250 ml 50 °C warmem destillierten Wasser. Je kleiner die Kräuter geschnitten sind, desto besser werden die wertvollen Inhaltsstoffe an das Wasser übergehen. Dies lässt du erst etwa 1 Stunde stehen und siebst dann den Rosmarin ab. Nun gibst du 25 ml Weingeist (95 % Vol.) hinzu.

Welche Pflanze für welche Haut?

- **Bei empfindlicher/trockener Haut** verwende Kamillenblüten, Lavendelblüten oder Ringelblumen.
- **Bei fettiger/Mischhaut** nimmst du am besten Salbei, Minze oder Rosmarin.
- **Für reife Haut** eignen sich Rosenblüten, Hagebutten oder Petersilie am besten.

TIPP GESICHTSMASSAGE: Nimm dir nach der Reinigung täglich ein paar Minuten Zeit, um ein Serum oder eine Creme sanft einzumassieren. Das strafft die Muskulatur und versorgt die Haut mit Sauerstoff. Verteile ein paar Tropfen Serum oder einige Tupfer Creme in deinen Händen und streiche mit der gesamten Handfläche vom Hals über die Wangen bis zur Stirn. Tu dies immer von unten nach oben und nicht umgekehrt. Massiere dann mit deinen Fingerspitzen in kreisenden Bewegungen deine einzelnen Gesichtspartien (Kinn, Nase, Wangen, Stirn und Mund).

HAUTTYP	HYDROLAT
normale/Mischhaut	Orangenblütenwasser
fettige/unreine Haut	Pfefferminz-, Salbei-, Rosmarin- oder Hammameliswasser
trockene/reife Haut	Rosenblüten- oder Kamillenwasser

CREMES

Nach einer gründlichen Reinigung ist deine Haut bereit für etwas Pflege. Deine Haut hat nicht immer die gleichen Bedürfnisse. Sie verändern sich sowohl unter dem Jahr (Sommer – warme feuchte Luft / Winter – kalte trockene Luft) als auch allgemein mit der Zeit. Spannt deine Haut und fühlt sich trocken an nach der Reinigung, dann solltest du unbedingt eine reichhaltige Creme auftragen. Fühlt sich deine Haut aber normal oder eher etwas glänzend an, dann benötigt sie nicht unbedingt eine Creme, sondern nur ein sehr leichtes Serum. Das Ziel dieses Kapitels ist es, die perfekte Rezeptur für genau DEINE Bedürfnisse zu finden.

Ein paar Informationen vorab:

Damit du übliche Rezepturen für Cremes und Lotionen nachvollziehen kannst, möchte ich dir zunächst den Aufbau einer Emulsion erläutern. Cremes und Lotionen bestehen im Wesentlichen aus der Fettphase und der Wasserphase. Beide Phasen werden mittels Emulgatoren miteinander verbunden, sodass sie sich nicht wieder trennen können.
Wasser und Öl können sich also nur zusammen mit einem Hilfsstoff verbinden, der einen wasser- und einen öllliebenden Teil aufweist. Diese Teile ziehen dann das Wasser bzw. das Öl an, sodass sich durch kräftiges Mixen bzw. Rühren Emulsionen bilden können.
Allerdings handelt es sich hierbei nicht um ein tatsächliches Verbinden der Moleküle. Vielmehr besteht eine Emulsion aus kleinsten Tröpfchen, die durch den Emulgator so verbunden sind, dass sich das Öl nicht mehr nach oben absetzen kann. Der Emulgator wirkt wie ein Magnet oder wie eine Brücke zwischen Öl und Wasser.
Zudem mindern Emulgatoren die Grenzflächenspannungen von Wasser und Öl, sodass die Tröpfchen stabil bleiben.

O/W-EMULSION

Eine Emulsion, in der die Öltröpfchen im Wasser „gelöst" sind, nennt man Öl in Wasser- oder O/W-Emulsion. Das Wasser umhüllt die kleinen Öltröpfchen, sodass sie nicht mehr zusammenfließen können.
Solche Emulsionen haben eine leichte Haptik. Sie ziehen schnell ein und sind gut für normale und fettige Haut geeignet. Die Haut fühlt sich nicht fettig an. Eine O/W-Emulsion kann mit Wasser verdünnt werden, nicht aber mit Öl. Die meisten modernen Pflegecremes sind O/W-Emulsionen. Durch den Zusatz von Pflanzenbutter und anderen Wirkstoffen können diese reichhaltiger gemacht werden, sodass sie schnell einziehen und trotzdem für reifere Haut geeignet sind.

W/O-EMULSION

Eine Emulsion, in der die Wassertröpfchen im Öl „gelöst" sind, nennt man Wasser in Öl- oder W/O-Emulsion. Dabei umhüllt das Öl die kleinen Wassertröpfchen, damit sie nicht mehr zusammenfließen können.
Wenn Öl das Wasser umschließt, wirkt die Emulsion fettiger und zieht langsamer ein. Ein gutes Beispiel ist eine Lanolincreme, die sehr reichhaltig ist und eine ganz andere Konsistenz als die bekannteren O/W-Emulsionen hat.
W/O-Emulsion sind besonders für sehr trockene und schuppige Haut geeignet. Sie hinterlassen ein lang anhaltend „eingecremtes" Gefühl. Es entsteht nach dem Auftragen ein luftdurchlässiger Fettfilm auf der Haut, der sie vor der Austrocknung schützt. Deswegen sind solche Emulsionen auch gut als sog. Wetterschutz oder Arbeitsschutzcremes zu verwenden.

EMULGATOR: WIE VIEL UND WELCHEN?

Wir wissen nun also, um eine stabile Emulsion zu erhalten, brauchst du einen Emulgator, da sich sonst die Wasserphase von der Fettphase wieder trennt und das Öl obenauf schwimmt. Die Menge deines Emulgators hängt von dem Fettgehalt deines Produkts ab, also ob du ein Serum, eine Lotion oder eine Creme haben möchtest.

HÖHE DER FETTPHASE IN %	VERWENDETE MENGE EMULGATOR
5–10 %	25 % der Fettphase
15 %	22 % der Fettphase
20 %	20 % der Fettphase
25 %	18 % der Fettphase
30 %	17 % der Fettphase
40 %	16 % der Fettphase

Beispiel: Du möchtest eine Tagescreme mit 25 % Fettanteil herstellen und verwendest dazu 30 g Öl, 5 g Butter, 90 g Wasser, 15 g Hydrolat und ätherisches Öl, dann beträgt deine Fettphase mit 35 g genau 25 % des gesamten Produkts und 18 % von diesen 35 g ergeben somit 4,5 g Emulgator.

WELCHEN EMULGATOR?
Es gibt unzählige Emulgatoren für unterschiedliche Anwendungsgebiete. Ich stelle dir verschiedene vor, mit denen du alle Bereiche abdecken kannst. Verwende nur natürliche Emulgatoren, da diese die gleichen Eigenschaften der hauteigenen Emulgatoren besitzen und somit ein Austrocknen der Haut vermieden werden kann.

BERGAMULS ET 1, ein rein pflanzlicher Emulgator und Verdicker, erzeugt haptisch leichte Emulsionen, die leicht einziehen und kaum fetten. Er ist als Hauptemulgator vor allem für fettende Haut geeignet, als Co-Emulgator, mit Lanolin beispielsweise, perfekt auch für trockene Haut.

TEGOMULS: Cremes mit Tegomuls als Emulgator sind besonders leicht und locker. Daher eignen sie sich besonders für Gesichtscremes für alle Hauttypen. Je nach Hauttyp verwendet man unterschiedliche Öle und Konsistenzgeber. Dadurch werden die Tegomuls-Cremes sehr vielfältig. Man kann der Creme auch nach Belieben Zusatzstoffe zufügen. Nur mit sauren Zusätzen, wie z. B. gekauftem Aloe-vera-Gel sollte man vorsichtig sein, weil Tegomuls nur zwischen 5 pH und 7 pH stabile Emulsionen bildet und konserviertes Aloe-vera-Gel eher saurer ist.

EMULSAN: Emulsan-Cremes sind als Nachtcreme oder als gehaltvolle Tagescreme für alle Hauttypen gut verträglich. Da Emulsan selbst schon recht stark härtet, braucht man kaum noch Konsistenzgeber hinzufügen. Durch die Wahl des Pflanzenöls, der ätherischen Öle und eventueller zusätzlicher Wirkstoffe kann man Emulsan-Cremes sehr gut variieren, da es auch einen flexibleren Einsatzbereich bezüglich des pH-Wertes (3,5–8,5) als Tegomuls hat.

LANOLIN ANHYDRID: Cremes mit Lanolin als Emulgator werden etwas schwerer, haben super rückfettende Eigenschaften und eignen sich vor allem als reichhaltige Nachtcreme oder für sehr trockene Hautstellen. Auch für Spezialzwecke, wie zum Beispiel als Fußcreme, ist eine Lanolin-Creme super geeignet. Lanolin wird aus dem Wollfett von Schafen gewonnen und ist deshalb nicht vegan.

LYSOLECITHIN: Das Einsatzgebiet von Lysolecithin ist breit gefächert, da es sowohl in O/W- als auch W/O-Emulsionen beste Ergebnisse liefert. Bei der Verwendung in Cremes entsteht eine leichte, angenehme Haptik und in Haarpflegeprodukten wirkt es konditionierend und feuchtigkeitsspendend. Außerdem kann es auch mit kalten Zutaten verrührt werden und benötigt keinen bestimmten pH-Wert.

So könnte also der Aufbau eines Rezepts aussehen:

PHASE A (FETTPHASE)

- Öle und Butter
- Emulgatoren: Emulsan, Dermofeel, Bergamuls, Tegomuls, Lanolin, …
- Konsistenzgeber: Wachs, Cetylalkohol, …

Öle bilden das Herz deiner Pflegeemulsionen, Butter gestalten sie im Hautgefühl reichhaltiger und rückfettender und um eine festere Konsistenz zu erreichen, kannst du Wachse verwenden.

PHASE B (WASSERPHASE)

- Wasser, Hydrolate, Tee, Tinktur oder eine Mischung davon

PHASE C
- Wirk- und Hilfsstoffe
  - Wirkstoffe: Aloe-vera-Gel, Glycerin, …
  - Gelbildner: Siligel, Xanthan, Guakernmehl, …
  - Antioxidantien: Vitamin-E-Öl, …

PHASE D
- Ätherische Öle
- Konservierungsstoffe: Biokons Plus, Rokonsal BSB N, …
- pH-Wert-Regulatoren: Milchsäure, Zitronensäure, …

Gerade bei Gelen und Seren, also Produkten mit einem hohen Wassergehalt, geben Wachse und Gelbildner deiner Creme eine angenehme Haptik.
Außerdem können zum Beispiel bei bestimmten Bedürfnissen Wirkstoffe wie Aloe vera, Glycerin oder Tinkturen/Extrakte verwendet werden.
Grundsätzlich kannst du an einigen Schrauben drehen, um die Wasserbindungsfähigkeit und Wirkung deiner Creme zu verändern und somit die perfekte Emulsion für genau dein Hautbedürfnis zu kreieren.

Die Zubereitung mit den gängigen Emulgatoren ist im Grunde immer gleich und ich beschreibe sie hier einmal ausführlich:

Vorbereitung:
Wie bei allen Rezepten solltest du vor dem Start die Arbeitsfläche, die Utensilien und deine Hände säubern und desinfizieren. Lege alle desinfizierten Utensilien griffbereit auf ein Backpapier oder auf ein in Alkohol getränktes Küchenpapier.

1. Vermische Öle, feste Fette, Konsistenzgeber und den Emulgator in einem hitzebeständigen Glas zur Fettphase (Phase A).
2. Gib das Wasser/Hydrolat und alle wasserlöslichen Stoffe in ein weiteres hitzebeständiges Gefäß als Wasserphase (Phase B).
3. Stelle beide Gläser in ein heißes Wasserbad, bis beide Phasen flüssig sind und etwa 70–75 °C haben (achte auf die genaue Verarbeitungstemperatur, laut Herstellerangaben, des Emulgators).
4. Gieße nun langsam unter schnellem Rühren/Mixen die Wasserphase in die Fettphase.
5. Für die ersten 3 Minuten ist es ratsam, mit einem Pürierstab/Milchaufschäumer/Mixer hochtourig zu rühren. In dieser Zeit sollte sich sowohl die Farbe (weißlicher) als auch die Konsistenz (fester) verändern. Anschließend kann langsamer/manuell weitergerührt werden.
6. Ist die Creme handwarm abgekühlt, kommen die Rohstoffe der Phase C hinzu. Dies sind alle hitzeempfindlichen Stoffe (z. B. Vitamin-E-Öl) und weitere Wirkstoffe (z. B. Harnstoff, Aloe-vera-Gel, Glycerin ...).
7. Jetzt wird es Zeit für Phase D: Gib ätherische Öle und eventuelle Konservierungsstoffe dazu und rühre noch mal kräftig um. Anschließend kannst du den pH-Wert einstellen und deine Creme nach kräftigem Unterrühren stehen lassen zum Auskühlen. Gehe beim Einstellen des pH-Wertes behutsam, tröpfchenweise vor und rühre erst immer wieder kräftig um, bevor du erneut misst. Zum Einstellen verwendest du am bes-

ten Milchsäure oder auch eine Zitronensäurelösung. Den optimalen pH-Wert machst du an dem Einsatzbereich des Konservierungsmittels und deines Emulgators fest (Herstellerangaben beachten).

8. Fülle deine abgekühlte Creme jetzt in einen sauberen Tiegel/Pumpspender und beschrifte diesen mit Herstellungsdatum, evtl. Rezept und Haltbarkeit. Abfüllung und vor allem das Verschließen deines Gefäßes sollten wirklich erst erfolgen, wenn dein Produkt komplett abgekühlt ist, um die Bildung von Kondenswasser zu vermeiden.
9. Einige Emulgatoren und Stabilisatoren reifen noch nach und bilden ihre endgültige Konsistenz erst nach etwa einem Tag aus. Rühre deshalb nach ca. 24 Stunden noch einmal um oder schüttle den Pumpspender kräftig.

Welchen Produkttyp für welche Haut?

Zuerst entscheidest du, welche Phasenanteile an Fett und Wasser überhaupt zu deiner Haut passen. Die folgende Auflistung nennt klassische Produkttypen und ihre bevorzugte Eignung für bestimmte Hautsituationen.

SERUM, LEICHTES HYDRODISPERSIONSGEL (5–10 % FETTPHASE):

Es finden vorwiegend niedrigviskose Öle Verwendung, keine bis geringe Anteile an Konsistenzgebern und selten Wachse. Meist wird dieser Produkttyp mit 0,8–1,2 % Gelbildner stabilisiert (alternativ 2,5–3 % Bargamuls ET1) und er eignet sich als Solo-Pflege für fettende, unreine Hautzustände und als Feuchtigkeitsserum für normale und trockene Haut, das z. B. mit einem Öl ergänzt wird.

REICHHALTIGES HYDRODISPERSIONSGEL, CREMEFLUID (10–20 % FETTPHASE):

Hierzu werden hauptsächlich Öle und ein geringer Zusatz an Butter, geringe Anteile (bis 1 %) an Konsistenzgebern, keine oder geringe Menge (bis 1 %) Wachse verwendet und mit Gelbildner stabilisiert. Eignet sich als Solo-Pflege für fettende Hautzustände und Mischhaut, als Feuchtigkeitspflege für normale und leicht trockene Haut oder leichtes Körperfluid.

LOTION, CREMEFLUID, LEICHTE CREME (15–25 % FETTPHASE):

Vorwiegend werden Öle, Butter und geringe Anteile an konsistenzgebenden Lipiden (1–1,5 % Fettalkohole und Wachsester), kein bis geringer Wachsanteil (d. h. 0,5–1 %) benutzt und mit 0,2–0,4 % an Gelbildnern stabilisiert. Eignet sich als Solo-Pflege für normale, leicht fettende Hautzustände, für Mischhaut oder für zu Unreinheiten neigende, reife Haut. Typischer Fettphasenbereich für Körperlotion.

FEUCHTIGKEITSCREME, »TAGESCREME« (25–35 % FETTPHASE):

Für dieses Produkt kommen Öle und Butter (20–30 % Butteranteil auf die Öle gerechnet), ein mittlerer Anteil an Konsistenzgebern (1,5–3 % Fettalkohole und Stearate) und ein geringer Wachsanteil (0,5–1,5 %) zum Einsatz. Es eignet sich als Tages- oder Nachtpflege für normale und leicht trockene Hautzustände und als reichhaltige Körperlotion bzw. leichte Gesichtscreme.

REICHHALTIGE CREME, »NACHTCREME«, KÖRPERCREME (AB 35 % FETTPHASE):

Öle und ein höherer Butteranteil sowie der Zusatz von konsistenzgebenden Lipiden (Fettalkohole, Stearate, Wachse, Stearinsäure usw.) machen dieses Produkt besonders cremig. Eignet sich als Tagespflege für trockene Hautzustände oder als Nachtpflege für normale bis leicht trockene Hautzustände, für Crememasken oder Körpercremes.

Dieses Basisrezept ist eine ultraleichte, niedrigviskose Formulierung, die sich ideal als mattierende, schnell einziehende Feuchtigkeitspflege für fettende Haut und Mischhaut eignet.

LEICHTES SERUM-GEL

mit 16 % Fettgehalt

AUFWAND: mittel

ZUBEREITUNGSZEIT: 25 min. (Vorbereitung für den kalten Ölauszug: 2–4 Wochen)

SCHWIERIGKEITSGRAD: mittel

UTENSILIEN: 2 feuerfeste hohe Gefäße, Wasserbad, Milchaufschäumer/Mixer, Spatel, pH-Messstreifen und 1 passenden Tiegel (50 ml) zur Aufbewahrung

Zutaten für ca. 50 ml:

PHASE A:

6,3 g Löwenzahnölauszug oder Pflanzenöl deiner Wahl (12,5 %)

0,5 g Wachs oder Pflanzenbutter

1,5 g Emulsan oder 1 g Emulsan + 0,5 g Cetylalkohol (3 %, das sind 18,2 % der Fettphase)

- Alle Zutaten im Wasserbad schmelzen und auf ca. 75 °C erwärmen.

PHASE B:

38 g destilliertes Wasser oder Tee (76 %)

- Das Wasser separat auf 75 °C erwärmen, bzw. einen Löwenzahntee auf 75 °C abkühlen lassen, und anschließend unter starkem Mixen zur Phase A geben. Nach dem Emulgieren kannst du Phase C unterrühren.

PHASE C:

2 g pflanzliches Glycerin, 99,5 %ig (4 %)

0,3 g Siligel oder Xanthan (im Glycerin verrühren) (0,5 %)

PHASE D:

3–5 Tropfen ätherisches Öl nach Wunsch

0,5 g Biokons oder Rokonsal (1 %)

Milchsäure nach Bedarf (pH-Wert sollte zwischen 5,0–5,4 liegen)

- Sobald dein Gel handwarm abgekühlt ist, kannst du die Zutaten aus Phase D zugeben, gut vermischen und anschließend den pH-Wert einstellen (achte auf die Herstellerangaben des Konservierungsmittels und des Emulgators). Bedenke: Die endgültige Konsistenz bildet sich erst nach 24 Stunden aus.

VARIATION:
Verwende einen Ölauszug, Wasserauszug und Emulgator deiner Wahl und du kannst dieses Rezept unendlich variieren und auf deine Hautbedürfnisse anpassen. Dieses Gel beinhaltet einen hohen Wassergehalt, deshalb würde ich dir wirklich ein Konservierungsmittel empfehlen. Möchtest du darauf verzichten, dann bewahre das Gel unbedingt im Kühlschrank auf und verwende es innerhalb weniger Tage oder friere es in Eiswürfelformen ein und entnehme immer einen Würfel bei Bedarf.

Diese Lotion ist als Nachtpflege für fettige Haut oder als leichte Tagespflege für trockene Haut bestens geeignet.

ROSEN-LOTION

mit 20 % Fettgehalt

AUFWAND: mittel

ZUBEREITUNGSZEIT: 25 min. (Vorbereitung für den kalten Ölauszug: 2–4 Wochen)

SCHWIERIGKEITSGRAD: mittel

UTENSILIEN: 2 feuerfeste hohe Gefäße, Wasserbad, Milchaufschäumer/Mixer, Spatel, pH-Messstreifen und 1 passenden Tiegel (100 ml) zur Aufbewahrung

Zutaten für ca. 100 ml:

PHASE A (20 %):

14 g Pflanzenöl oder Ölauszug deiner Wahl (beispielsweise Gänseblümchen → straffend)

3 g Butter (Sheabutter, Mangobutter, o. a.)

3 g Emulgator, beispielsweise Emulsan oder Tegomuls

- Alle Komponenten im Becherglas bei ca. 75–85 °C aufschmelzen.

PHASE B:

73 g Wasser (73 %)

- Dieses auf ca. 75–80 °C erhitzen (optimal auf die gleiche Temperatur wie Phase A).

- Beide Phasen zusammenfügen und dann erst mit der Homogenisierung beginnen. Anfangs 2–4 Minuten hochtourig emulgieren und anschließend sanft bis auf Handwärme rühren.

PHASE C:

2 g Glycerin (99,5 %)

0,3 g Xanthan (in Glycerin auflösen) oder Siligel

optional: 4 g Wirkstoffe (Harnstoff, Natriumlaktat, Hyaluron, ...)

- Xanthan und Harnstoff in Glycerin verrühren und die gesamte Mischung unter Rühren in die handwarme Creme geben.

PHASE D:

ätherische Öle nach Wunsch: ca. 3–5 Tropfen

1 g Rokonsal BSB-N oder Biokons

Milchsäure nach Bedarf

- Emulsion auf Wunsch beduften, konservieren und den pH-Wert kontrollieren, bei Bedarf auf pH 5–5,4 korrigieren. Anschließend die Lotion homogen rühren und kalt aufbewahren. Die Konsistenz wird sich erst in den nächsten 24 Stunden finalisieren.

TIPP:
Verwende statt des Wassers einen Hagebuttentee mit Rosenwasser und als Pflanzenöl beispielsweise ein Walnussöl. Optisch erhält die Creme, durch den Tee, einen schönen rosa Schimmer und deine Haut freut sich über extra viel Nährstoffe und Vitamin E.

Optimale Pflege für trockene Haut und nach Bedarf als Nachtpflege bei fettiger Haut.

ALOE-VERA-GESICHTSCREME

mit 25 % Fettgehalt

AUFWAND: mittel

ZUBEREITUNGSZEIT: 25 min. (Vorbereitung für den kalten Ölauszug: 2–4 Wochen)

SCHWIERIGKEITSGRAD: mittel

UTENSILIEN: 2 feuerfeste hohe Gefäße, Wasserbad, Milchaufschäumer/Mixer, Spatel, pH-Messstreifen und 1 passenden Tiegel (100 ml) zur Aufbewahrung

Zutaten für ca. 60 ml:

29,3 % FETTPHASE (17,6 G)

Öle, Butter und Wachse (15 g / 25 %):

11,4 g Pflanzenöl deiner Wahl/Ölauszug (19 %)

1,2 g Bienenwachs (2 %)

1,2 g Wildrosenöl (2 %)

Emulgatoren / Konsistenzgeber (2,6 g / 4,3 % / 14,7 % der Fettphase)

2,6 g Emulsan oder einen Emulgator deiner Wahl

70,7 % WASSERPHASE (42,4 G)

33,7 g Wasser

Wirkstoffe (7,8 g / 13 %):

6 g Aloe-vera-Gel (10 %)

1,8 g pflanzliches Glycerin (3 %)

Hilfs- und Zusatzstoffe (0,9 g / 1,5 %):

0,3 g Biokons (0,5 %)

optional: 0,3 g Harnstoff

0,3 g ätherisches Öl deiner Wahl (0,5 %, das sind etwa 6 Tropfen)

Vorbereitung:

- saubere(r)/desinfizierte(r) Arbeitsplatz/Utensilien und gewaschene/desinfizierte Hände

Zubereitung:

- Erwärme das Wachs und dein Pflanzenöl im Wasserbad langsam bis das Wachs geschmolzen ist.
- Bringe das Wasser und optional Harnsäure/Glycerin in einem separaten Glas auf 50 °C.
- Gib anschließend das Wasser unter ständigem Mixen langsam in die Fettphase und mixe so lange bis es weiß, dickflüssig und handwarm abgekühlt ist.
- Jetzt kommen Aloe-vera-Gel, Vitamin-E-Öl, Wildrosenöl und dein ätherisches Öl dazu und du kannst alles nochmal kräftig unterrühren.
- Wenn das Ganze komplett abgekühlt ist, nochmal verrühren und abfüllen.
- Beschrifte den Tiegel und bewahre ihn am besten im Kühlschrank auf. Die Konsistenz kann sich innerhalb der ersten 24 Stunden noch etwas verändern.

Du kannst jederzeit den Ölauszug oder die Tinktur variieren und bist so unglaublich flexibel. Wie hört sich beispielsweise eine beruhigende Lavendel-Kamillen-Creme für dich an oder was hältst du von einer klärenden Salbei-Rosmarin-Creme? Perfekt für reifere Haut eignet sich auch eine Rosen-Gänseblümchen-Creme, welche strafft und vitalisiert.

TIPP:
Ein Ölauszug aus Rosmarin oder Salbei lässt sich auch super zum Würzen beim Kochen verwenden.

Diese Creme bietet dir unglaublich viele Möglichkeiten und eignet sich, je nachdem welche Zutaten du verwendest, als Nachtpflege für fettigere Haut oder als Tagespflege für trockene, anspruchsvolle Haut.

HOLUNDER-LAVENDEL-CREME

mit 30 % Fettgehalt | vitalisierend

AUFWAND: mittel

ZUBEREITUNGSZEIT: 25 min. (Vorbereitung für den kalten Ölauszug und die Tinktur: 2–4 Wochen)

SCHWIERIGKEITSGRAD: mittel

UTENSILIEN: 2 feuerfeste hohe Gefäße, Wasserbad, Milchaufschäumer/Mixer, Spatel, pH-Messstreifen und 1 passenden Tiegel zur Aufbewahrung

Zutaten für ca. 100 ml:

36 G FETTPHASE (36 %)

Öle, Butter und Wachse (30 g/30 %):

25 g Holunderblüten-Ölauszug (25 %)

5 g Kakaobutter (5 %) oder Sheabutter, Mangobutter, Kokosöl

Emulgatoren / Konsistenzgeber (6 g / 6 % / 16,7 % der Fettphase)

6 g Tegomuls (6 %)

64 G WASSERPHASE (64 %)

55,2 g destilliertes Wasser / abgekochtes Wasser / Tee oder Hydrolat deiner Wahl

Wirkstoffe (8,5 g / 8,5 %):

8,5 g Lavendeltinktur mit 95 % Vol. (8,5 %) oder Tinktur deiner Wahl

Hilfs- und Zusatzstoffe (0,3 g / 0,3 %):

0,3 g / 5–10 Tropfen ätherisches Öl deiner Wahl (0,3 % entsprechen ca. 6 Tropfen)

Zubereitung:

- Erwärme die Butter, das Pflanzenöl und den Emulgator im Wasserbad langsam bis die Butter geschmolzen ist und bringe das Wasser und die Tinktur in einem separaten Glas auf die gleiche Temperatur.
- Gib anschließend das Wasser unter ständigem Mixen langsam in die Fettphase und mixe so lange bis es weiß, dickflüssig und handwarm abgekühlt ist.
- Wenn die Creme komplett abgekühlt ist, rühre dein ätherisches Öl kräftig unter und fülle sie ab.
- Beschrifte den Tiegel und bewahre ihn am besten im Kühlschrank auf. Die Konsistenz kann sich innerhalb der ersten 24 Stunden noch etwas verändern.

Mit dieser Gel-Salbe kannst du verschiedene Produktkonzepte umsetzen. Hervorragend ist es als Massagegel geeignet; seine Haptik entspricht der einer reinen Ölmischung, mindert jedoch die Tropfneigung. Als Pflegeöl ist es eine gute Ergänzung zu einem emulsionsbasierten Gesichtspflegefluid, als alleiniges Pflegeprodukt in Kombination mit einem Hydrolat oder als duftendes Körpergel.

GEL-SALBE

AUFWAND: mittel – hoch

ZUBEREITUNGSZEIT: 15 min.

SCHWIERIGKEITSGRAD: leicht

UTENSILIEN: 2 feuerfeste hohe Gefäße, Wasserbad, Milchaufschäumer/Mixer, Spatel und 1 passenden Tiegel (50 ml) zur Aufbewahrung

Zutaten für ca. 50 ml:

PHASE A:

15,0 g pflanzliches Öl deiner Wahl oder Ölauszug (z. B. Kartoffelöl aus angetrockneten Kartoffelschalen → vitalisierend)

5 g Squalan

10 g Sheabutter, Kokosöl, Kakaobutter, Mangobutter, …

5 g Sonnenblumenwachs oder ein anderes Wachs deiner Wahl

optional:
0,5 g Glyceryl Caprylate: Dies ist ein sogenanntes multifunktionelles Additiv, das neben seiner rückfettenden Wirkung auch antimikrobiell wirkt. Es schützt das Produkt bei einem möglichen Feuchtigkeitseintrag vor Kontamination. Wenn du die Gel-Salbe nur mit Spatel entnimmst und vor Feuchtigkeit schützt, kannst du auf diesen Zusatz verzichten.

- Alle Zutaten in einem Becherglas klar aufschmelzen (ca. 60–80 °C). Moderat auf Handwärme rühren, bis die Mischung leicht eintrübt.

PHASE B:

5,0 g Sanddornfruchtfleischöl oder anderes Wirkstofföl deiner Wahl (z. B. Karottenöl)

0,25 g natürliches Tocopherol (ca. 2–3 Tropfen)

optional: 2,0 g Pflanzenextrakte

optional: 3–5 Tropfen ätherische Öle

- Alle Komponenten zusammengeben, diese Mischung der eingetrübten Phase A hinzufügen und ca. 1 Minute hochtourig dispergieren. Sofort in einen Tiegel o. ä. abfüllen, 24 Stunden ruhen lassen, bis die endgültige Konsistenz ausgebildet ist.

◆ Nutze die Gel-Salbe als Grundgerüst für deine eigenen Produktideen: Wähle statt des Kartoffelöls ein anderes Öl oder eine Ölmischung nach Wunsch. Variiere die Pflanzenextrakte oder verzichte ganz auf sie – das Konzept lässt unzählige Varianten zu. Das enthaltene Sanddornfruchtfleischöl bietet der Haut nicht nur wertvolle Carotinoide und natürliche Tocopherole, sondern verleiht der Gel-Salbe eine wunderbare, frische Farbe.
Das Produkt ist sehr reichhaltig und verbraucht sich als Gesichtspflegeprodukt nur langsam.

TIPP:
Fülle es optimal in 2 oder 3 kleinere Tiegel ab und lagere den »Vorrat« im Kühlschrank. Dies verlängert die Frische der enthaltenen nativen Pflanzenöle.

Variation des Grundrezepts:

Erkältungsbalsam / Tigerbalsam

Verwende als ätherische Öle:

4 g Kampferöl

5 g Cajeputöl

4 g Eukalyptusöl

4 g Pfefferminzöl

3 g Chiliölauszug

optional: 3 g Nelkenöl oder 3 g Zimtöl für roten Tigerbalsam

Und zusätzlich 3 g mehr Wachs als im Basisrezept Gel-Salbe

Tigerbalsam kann bei Kopfschmerzen, Erkältungen, Muskel- und Gelenkbeschwerden helfen, da er sowohl die Durchblutung fördert, Atembeschwerden und Schmerzen lindern kann. Verreibe ihn je nach Beschwerden an deinen Schläfen, auf der Brust oder den betroffenen Körperstellen (nicht auf offenen Körperstellen/Wunden verwenden).
Aufgrund des hohen Anteils ätherischer Öle solltest du den Balsam immer nur über einen kurzen Zeitraum anwenden und er ist auch nicht für Kinder oder Schwangere geeignet. Teste es am besten erst an einer kleinen Hautstelle, ob du es verträgst.

**Geht's auch ohne Emulgator?
Wenn du erst einmal die Wirkung bestimmter Öle und Hydrolate auf deine Haut testen möchtest, ohne großen Aufwand und ohne Emulgator, dann ist eine Schüttellotion perfekt für dich.**

SCHÜTTELLOTION

AUFWAND: einfach

ZUBEREITUNGSZEIT: 5 min.
(Vorbereitung für einen kalten Ölauszug: 2–4 Wochen)

SCHWIERIGKEITSGRAD: sehr einfach

UTENSILIEN: Trichter, Flasche/Pumpspender zur Aufbewahrung

Zutaten für ca. 50 ml:

30 % pflanzliches Öl oder Ölauszug deiner Wahl

70 % vorkonserviertes Hydrolat

optional: 5 % pflanzliches Glycerin

Zubereitung:

- Fülle alle Zutaten über einen Trichter in eine desinfizierte Flasche und schüttle den Inhalt vor jedem Gebrauch schnell und kräftig durch. So entsteht eine zwar nur kurzzeitige und instabile Emulsion, aber du erwischst bei der Entnahme trotzdem jeden Inhaltsstoff im richtigen Verhältnis und kannst alles auf deine Haut auftragen. Du bist hier sowohl was das Mischungsverhältnis angeht als auch bei den Zutaten sehr flexibel. So ist ein Aprikosenkernöl mit Kamillenhydrolat im Verhältnis 60 zu 40 für trockene, sensible Haut genauso möglich, wie ein Jojobaöl mit Hammameliswasser im Verhältnis 20 zu 80 für fettige Haut. Je mehr Hydrolat dein Produkt enthält, umso schwieriger ist vielleicht das Verteilen auf der Haut, deshalb kannst du das Produkt auch auf ein Tuch auftragen und damit über die Haut wischen oder du verwendest eine Sprühflasche und sprühst alles nach dem Schütteln direkt aufs Gesicht und klopfst es dann leicht in die Haut ein.

Hier ein weiteres Rezept, für das du keinen Emulgator kaufen musst und bestimmt alle Zutaten vorrätig hast.

MILCH ALS EMULGATOR

Dass Milch eine sehr gute Pflegewirkung auf die Haut hat, ist seit der Antike bekannt. In dieser Creme dient sie außerdem als Emulgator. Mit einem Anteil von doppelt so viel Öl wie Milch ist die Creme sehr fetthaltig. Für den hohen Fettanteil zieht sie aber sehr gut ein und hinterlässt relativ wenig Fettglanz auf der Haut. Wenn man will, kann man auch noch Honig zu der Creme hinzufügen, dieser wirkt pflegend, heilend und antibakteriell. Die Creme ist leider nicht unbegrenzt haltbar, deshalb ist es ratsam, sie aufzuteilen und etwas davon einzufrieren. Nach ein paar Tagen im Kühlschrank wird die Creme auch häufig etwas steifer und weniger cremig. Dann hilft es, sie einfach nochmal aufzurühren und sie wird wieder geschmeidiger.

AUFWAND: gering

ZUBEREITUNGSZEIT: 10 min.
(Vorbereitung für einen kalten Ölauszug: 2–4 Wochen)

SCHWIERIGKEITSGRAD: einfach

UTENSILIEN: 1 hohes Gefäß, Topf, Pürierstab, Spatel und 1 passenden Tiegel (75 ml) zur Aufbewahrung

Zutaten für ca. 75 ml:

25 g Vollmilch (H-Milch oder abgekocht)

50 ml gutes Pflanzenöl, z. B. Olivenöl, Mandelöl, Distelöl, Traubenkernöl, …

einige Tropfen Honig

5–10 Tropfen ätherisches Öl je nach Wahl und Hauttyp

Zubereitung:

- Fülle die zimmerwarme Milch in ein hohes Gefäß.
- Mixe die Milch mit dem Pürierstab etwa eine Minute.
- Dann gibst du das Öl ganz langsam unter ständigem Mixen hinzu bis die Konsistenz deiner Vorstellung entspricht.
- Nach Belieben kannst du anschließend Honig und ätherische Öle zugeben.
- Nun kannst du deine Creme abfüllen und den Tiegel beschriften.

TIPP: Ohne Honig und ätherisches Öl eignet sich die „Creme“ auch als Basis für einen Kräuterdip oder eine Knoblauchcreme. Falls du die Creme also nicht einfrieren möchtest oder eine größere Menge machst, kannst du das Ganze vor der Zugabe von Honig und Duft teilen und einen Teil mit Kräutern, Knoblauch, Zwiebel, … verfeinern und zum Essen verwenden.

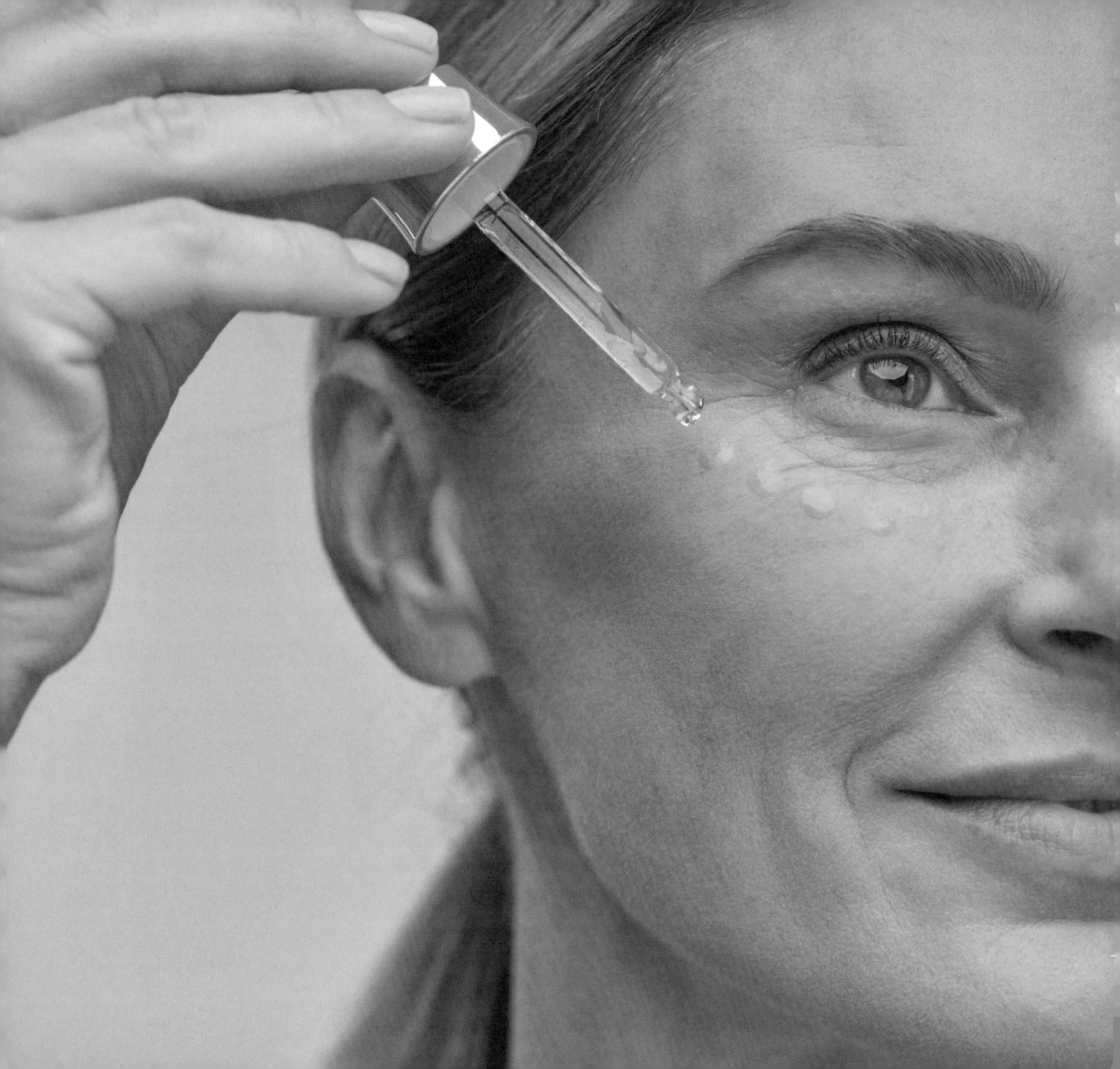

Die extrem dünne Haut um unsere Augen ist super sensibel und sollte sehr gut gepflegt werden. Die Inhaltsstoffe schützen die empfindliche Partie und vermeiden trockenheitsbedingte Fältchen rund um das Auge.

AUGENSERUM ANTI-AGING

AUFWAND: mittel

ZUBEREITUNGSZEIT: 5 min.

SCHWIERIGKEITSGRAD: einfach

UTENSILIEN: Trichter und eine dunkle/getönte Flasche mit Pipettenverschluss (15–20 ml) zur Aufbewahrung

Zutaten:

4 g Aprikosenkernöl

1 g Wildrosenöl → mildert Pigmentflecken, fördert die Kollagenproduktion

1 g Nachtkerzenöl → enthält viele essenzielle Fettsäuren

1 g Vitamin-E-Öl → fördert Zellregeneration, wirkt feuchtigkeitsbewahrend

2 g pflanzliches Glycerin → spendet Feuchtigkeit

optional: 0,5 g Sanddornfruchtfleischöl oder Karottensamenöl → wirkt antioxidativ

Zubereitung:

- Fülle alle Zutaten über einen Trichter in eine Pipettenflasche und schüttle diese gut.

Anwendung:

- Massiere ein paar Tropfen des Serums sanft in die gereinigte, noch feuchte Partie um deine Augen ein. Nimm dir dafür ruhig etwas Zeit, um alle Wirkstoffe richtig einzuarbeiten und die Durchblutung zu fördern. Das Öl bildet einen zarten Schutzfilm und speichert so die Feuchtigkeit.

Diese Creme ist perfekt bei Augenringen und geschwollenen Tränensäcken geeignet und lässt deine gesamte Augenpartie wieder strahlen.

AUGENCREME MIT FRISCHEKICK

AUFWAND: gering
ZUBEREITUNGSZEIT: ca. 15 min.
SCHWIERIGKEITSGRAD: einfach
UTENSILIEN: Wasserbad, hitzebeständiges Glas, Mixer, Löffel/Spatel, Tiegel zur Aufbewahrung

Zutaten:

30 g Kaffee
30 g Pflanzenöl oder Ölauszug deiner Wahl
5 g Wachs deiner Wahl
5 g Lanolin anhydrid
1 g Vitamin-E-Öl

Zubereitung:

- Für die Wasserphase den Kaffee auf ca. 50 °C abkühlen lassen und währenddessen das Wachs, das Lanolin und das Öl im Wasserbad schmelzen. Anschließend fügst du unter schnellem Mixen den Kaffee zur Fettphase, bis alles emulgiert ist. Wenn deine Creme handwarm abgekühlt ist, rührst du das Vitamin-E-Öl unter und füllst das Ganze in einen Tiegel ab. Arbeite sauber und steril und bewahre die Creme auf jeden Fall im Kühlschrank auf, da sie nicht konserviert ist. Die Aufbewahrung im Kühlschrank hat auch den Vorteil, dass die Augenpartie beim Auftragen der Creme zusätzlich gekühlt wird, was wiederum eine Abschwellung zur Folge hat.

TIPP: Koche einen Tee mit zwei Teebeuteln Schwarztee und stelle die Tasse in den Kühlschrank. Sobald der Tee kalt ist, drückst du die Teebeutel aus und legst sie dir auf die geschlossenen Augen. Lass es ca. 15 Minuten einwirken und du siehst sofort eine Verbesserung. Das Teein hat hier den gleichen Effekt wie Koffein und wirkt abschwellend und erfrischend. Du kannst auch den Kaffee im Rezept „Augencreme mit Frischekick" durch den übrig gebliebenen Tee ersetzen und so beides kombinieren. Erst den Teebeutel auflegen und anschließend die Creme auftragen. Dazu musst du nur den Tee wieder erwärmen auf 50 °C.

WELLNESS TIME

Gönne dir einfach mal eine Auszeit und deine eigene Kosmetikbehandlung. Ein Gesichtsdampfbad und eine anschließende Maske lassen deine Haut aufatmen und wieder strahlen. Gleichzeitig kannst du wunderbar abschalten und entspannen.

Mach dir erst ein wohltuendes Gesichtsdampfbad, um die Poren deiner Haut zu öffnen und überschüssigen Talg und Schmutz zu lösen. Außerdem wird die Haut durch die feuchte Wärme gut durchblutet und sieht deshalb danach frischer aus.

GESICHTSDAMPFBAD

Und so wird's gemacht:

- Gib insgesamt 1–2 Esslöffel Kräuter/Blüten deiner Wahl und 1 Teelöffel Natron in eine Schüssel und übergieße sie mit kochendem Wasser.
- HOLUNDERBLÜTEN sind gut bei großporiger, unreiner Haut.
- KAMILLE und LAVENDEL beruhigen empfindliche, gereizte Haut.
- SALBEI, PFEFFERMINZE und ROSMARIN eignen sich gut bei fettiger Haut.
- STIEFMÜTTERCHEN ist mit seiner blutreinigenden Wirkung perfekt bei Akne.
- FENCHELSAMEN (im Mörser angedrückt) stärken fahle Haut und verleihen ihr Kraft und Vitalität.
- HAGEBUTTEN fördern die Regeneration und mildern leichte Fältchen.
- MELISSE, ZITRONEN- und GRAPEFRUITSCHALEN wirken adstringierend und verleihen einen rosigen Teint.
- HONIG (2–3 EL) fördert die Elastizität deiner Haut.
- Was nun folgt, kennst du vielleicht bereits als ein bewährtes Hausmittel bei Erkältungen. Du beugst dein gereinigtes Gesicht so nah über die Schüssel wie es angenehm ist und legst dir ein großes Handtuch über den Kopf und die Schultern, sodass der ganze Dampf unter dem Handtuch bleibt. Bleibe mindestens 10 Minuten unter dem Handtuch und atme tief über die Nase ein und den Mund aus. Wenn du möchtest, kannst du auch ein paar Tropfen des ätherischen Öls ins Wasser geben, welches dir am liebsten ist. Es wird sich wohltuend auf deine Haut und deinen Geist auswirken. Deine Poren öffnen sich während der Bedampfung und sowohl die Durchblutung deiner Haut als auch die Zellerneuerung wird angeregt. Tupfe anschließend dein Gesicht sanft trocken und trage eine vorbereitete Gesichtsmaske auf.

Die Hitze und der durchblutungsfördernde Effekt eines Gesichtsdampfbades ist bei frischen Narben, entzündlichen Hautkrankheiten, Sonnenbrand oder Lippenherpes nicht zu empfehlen.

Benutze für deine Maske eine Basiszutat und eine deinem Hauttyp entsprechende Zutat. Natürlich kannst du dein eigenes Rezept noch erweitern und variieren oder auch zwei verschiedene Masken machen, für unterschiedliche Bedürfnisse (z. B. fettige Stirn, trockene Wangen), dann benötigst du natürlich dementsprechend von jeder Maske weniger. Trage die Maske auf dein gereinigtes Gesicht auf und lasse sie 10–15 Minuten auf der Haut, bevor du sie mit lauwarmem Wasser abspülst.

GESICHTSMASKE

EINIGE BASISZUTATEN – FEUCHTIGKEITSSPENDEND UND HAUTNÄHREND:

Als Grundlage für eine Anwendung werden 1–2 Esslöffel von einer der folgenden Basiszutaten benötigt. Sie eignen sich für jeden Hauttyp und versorgen die Haut mit Feuchtigkeit, Mineralien und Vitaminen:

- Salatgurke (entkernt)
- Milch
- Banane (gemixt)
- Sahne
- Honig
- Eigelb
- gemahlene Mandeln
- gemahlene Haferflocken
- Kaolin
- Quark
- Buttermilch
- Avocado (gemixt)
- Aloe vera
- pflanzliches Öl
- Joghurt

Zu der Basiszutat gibst du nun noch eine deinem Hauttyp entsprechende Zutat oder du bleibst komplett in einer Gruppe, je nachdem wie du eine optimale Konsistenz erreichst:

TIPP:
Verwende die öligen Blütenteile eines Ölauszugs weiter, indem du sie nach dem Filtern in deine Gesichtsmaske einbaust.

ENTZÜNDUNGSHEMMENDE ZUTATEN:

Bei zu Entzündungen neigender Haut, Pickel, Akne oder Mitessern ist eine dieser Zutaten empfehlenswert:

- ca. 1 EL Haferflocken gemahlen
- 1 EL Apfelessig
- 1–2 TL Zimt
- 1 EL Heilerde
- 1 TL Kurkuma (Achtung: färbt!)
- 1 EL Kakao
- 1 EL grüne Tonerde

Dosiere vor allem Apfelessig und Zimt vorsichtig, um Hautreizungen oder allergischen Reaktionen vorzubeugen. Etwa jeder fünfzigste Mensch reagiert allergisch auf Zimt.

HAUTKLÄRENDE ZUTATEN:

Ist deine Haut großporig und neigt zu Mitessern und anderen Unreinheiten? Dann wähle eine der folgenden Zutaten für deine Maske aus.

- 1–2 EL pürierte Tomate
- 1–2 EL pürierte Erdbeeren
- 1–2 EL Natron
- 0,5–1 Würfel Hefe
- 1 EL Zitronen-/Orangensaft
- 1–2 EL Kürbis (gekocht und püriert)
- 1–2 EL pürierte Kiwi

Auch bei säurehaltigen Lebensmitteln wie Zitrusfrüchten, Tomaten und Erdbeeren ist es ratsam, die Verträglichkeit erst einmal mit einer geringen Dosis zu testen.

HAUTSTRAFFENDE ZUTATEN:

Fruchtsäure, Eiweiß und Betacarotin wirken hautstraffend und können Fältchen mildern. Um eine hautstraffende Maske herzustellen, kannst du eine dieser Zutaten verwenden:

- Eiweiß von 1 Hühnerei
- Apfel – je nach Größe halb oder ganz (geraspelt/püriert)
- 1–2 EL Karottenpüree oder Saft
- 1 Handvoll pürierte Weintrauben
- 1–2 EL pürierte Melone
- rosa Tonerde

PEELENDE ZUTATEN:

Die folgenden Zutaten lösen sich bei frischer Zubereitung nicht und ergänzen deine Gesichtsmaske somit um einen sanften Peelingeffekt. Kaffeepulver und Nüsse enthalten zudem weitere hautpflegende Eigenschaften.

- 1 EL Kaffeepulver
- 1 EL Zucker
- 1 EL Salz
- 1–2 EL Natron
- 1 EL Haferflocken gemahlen
- 1 EL Mandeln gemahlen

Hinweis: Jede Haut ist anders. Insbesondere bei empfindlicher Haut, Hauterkrankungen oder Allergien empfiehlt es sich, vorsichtig vorzugehen und erst einmal nicht zu viele Zutaten miteinander zu kombinieren. Damit das Ganze auch von der Konsistenz passt, mischst du am besten etwas Flüssiges mit etwas Pulvrigem, bzw. gibst bei einer zu festen Masse etwas Öl oder Wasser dazu und bei einer zu flüssigen Konsistenz benutzt du zusätzliches Kaolin oder gemahlene Haferflocken. Das Beste an frischen Lebensmittelzutaten ist, dass du den Rest jederzeit in deine Ernährung einbauen kannst. Mach dir aus den frischen Zutaten einen Obstsalat, ein leckeres Müsli oder einen Salat.

LIPPENPFLEGE

Die Haut der Lippen ist bis zu siebenmal dünner als andere Hautpartien und besitzt zudem keine Schweiß- oder Talgdrüsen. Dies macht deine Lippen nicht nur empfindlich, sondern auch unfähig, sich selbst geschmeidig zu halten. Vor allem trockene Lippen benötigen deshalb eine feuchtigkeitsspendende Pflege, um Risse vorzubeugen. Eine selbst gemachte Lippenpflege kannst du aus wenigen natürlichen Basiszutaten und pflanzlichen Wirkstoffen für deine individuellen Bedürfnisse herstellen. Hier findest du das passende Lippenpflegerezept für schöne, weiche und gesunde Lippen.

HONIG-ZUCKER-LIPPENPEELING

AUFWAND: gering
ZUBEREITUNGSZEIT: 1 min.
SCHWIERIGKEITSGRAD: sehr einfach
UTENSILIEN: kleines Gefäß

Zutaten:
einige Tropfen Honig
eine Prise Zucker

- Ein wöchentliches Peeling macht deine Lippen weich und aufnahmebereit für eine Pflege. Mische einige Tropfen Honig mit einer Prise Zucker und verreibe die Mischung sanft auf deinen Lippen. Du kannst das Ganze auch ein paar Minuten einwirken lassen und immer mal wieder darüberstreichen, bevor du es abwäschst. Honig ist nicht nur wegen der entzündungshemmenden Wirkung, sondern auch der wundheilenden Enzyme perfekt geeignet.
- Eine weitere Möglichkeit für ein Peeling ist es, mit einer sauberen weichen Zahnbürste sanft über die Lippen zu bürsten. Für gleichzeitige Pflege verteile vorher etwas Olivenöl oder Honig auf deinen Lippen.
- Sollten deine Lippen bereits rissig sein, ist ein Peeling nicht zu empfehlen, da deine Haut weiter gereizt oder sogar verletzt wird.

TIPP:
Vermeide es auch, dir über die Lippen zu lecken (trocknet weiter aus) oder auf deiner Lippe zu kauen.

Dieser Balsam schützt deine Lippen super vor dem Austrocknen und macht sie geschmeidig.

LIPPENBALSAM

AUFWAND: gering
ZUBEREITUNGSZEIT: 10 min.
SCHWIERIGKEITSGRAD: einfach
UTENSILIEN: Wasserbad, hitzebeständiges Glas, Löffel/Spatel, Behälter zur Aufbewahrung (Glas oder Papphülse)

Zutaten für ca. 20 ml:

2 g Bienenwachs
12 g pflanzliches Öl (z. B. Olivenöl, Ringelblumenöl, …)
4 g Sheabutter
ein paar Tropfen Honig
1–2 Tropfen ätherisches Öl (z. B. Kamille, Lavendel, Grapefruit, …)

Zubereitung:
Schmelze das Bienenwachs im Wasserbad und gib anschließend das Öl und den Honig unter ständigem Rühren dazu. Nimm das Gefäß aus dem Wasserbad und füge das ätherische Öl hinzu. Sobald sich alles gut vermischt hat, kannst du den Balsam in einen geeigneten Behälter füllen und beschriften. Durch das Bienenwachs härtet die Masse schnell aus, solltest du es in eine Lippenstifthülse gießen wollen, musst du es eventuell nochmals kurz im Wasserbad anwärmen, damit es fließfähig ist. Der Lipbalm sollte nicht zu warm aufbewahrt werden und hält etwa 3 Monate.

TIPP:
Falls du noch einen alten/leeren Lippenpflegestift hast, kannst du diesen reinigen, desinfizieren und anschließend wieder befüllen oder es gibt auch leere Hülsen (sogar aus Pappe) im Onlinehandel zu kaufen.

Mit diesem Rezept kannst du deine Lippen nicht nur vor dem Austrocknen schützen und mit extra Feuchtigkeit pflegen, sondern verleihst ihnen zusätzlich einen unwiderstehlichen Glanz.

LIPGLOSS

AUFWAND: mittel

ZUBEREITUNGSZEIT: 10 min.

SCHWIERIGKEITSGRAD: leicht

UTENSILIEN: Wasserbad, 2 Gläser (eines davon hitzebeständig), Löffel/Spatel, Behälter zur Aufbewahrung

Zutaten:

2 g Bienenwachs/vegane Alternative

12 g pflanzliches Öl

2 g Sheabutter

2–4 g pflanzliches Glycerin

3–5 Tropfen ätherisches Öl

optional: ein paar Tropfen Lebensmittelfarbe rot oder Rote-Bete-Saft

Zubereitung:

Schmelze das Bienenwachs und die Sheabutter in einem Gefäß im Wasserbad und füge dann das Öl hinzu. Währenddessen mischst du das Glycerin, das ätherische Öl und optional etwas rote Lebensmittelfarbe in einem separaten Behälter. Falls du deinem Lipgloss einen natürlichen Farbton verleihen möchtest, fange erst mit 1–2 Tropfen Lebensmittelfarbe an. Du kannst später den Farbton noch kräftiger machen. Das Glycerin spendet Feuchtigkeit und gibt deinem Gloss einen schönen Glanz. Die Konsistenz bestimmst du mit der verwendeten Menge Glycerin. Nimm nun das Gefäß aus dem Wasserbad und vermenge alles miteinander. Fülle den Gloss in einen desinfizierten Tiegel und entnimm den Gloss am besten mit einem sauberen Pinsel.

KAPITEL 4

KÖRPER

DEO

natürliche Mittel gegen Schweißgeruch

Obwohl Schwitzen eine natürliche und gesunde Reaktion des Körpers ist, können Schwitzflecken und Schweißgeruch sehr unangenehm sein. Herkömmliche Deos enthalten häufig Aluminiumsalze, um das Schwitzen zu vermindern. Dein selbstgemachtes Deo enthält dagegen nur, was du darin haben möchtest. Auch natürliche Inhaltsstoffe verringern den Schweißgeruch, in gewissem Umfang sogar die Schweißbildung, und sorgen für eine gepflegte Haut. Hier findest du ein paar gesunde und preiswerte Alternativen.

Super einfach in der Herstellung und mit einer übersichtlichen Zutatenliste.

ROLL-ON-DEO

AUFWAND: gering
ZUBEREITUNGSZEIT: ca. 15 min.
SCHWIERIGKEITSGRAD: leicht
UTENSILIEN: Topf, Löffel, Trichter, leeren Deoroller

Zutaten für ca. 50 ml:

50 ml Wasser
1 TL Speisestärke
2 TL Natron
5–10 Tropfen ätherisches Öl deiner Wahl

Zubereitung:

- Zuerst erhitzt du das Wasser in einem Topf und rührst währenddessen die Stärke ein. Das Ganze sollte, wenn es erhitzt ist, eine dickflüssige Konsistenz bekommen.
- Sobald die Flüssigkeit etwas abgekühlt ist, kannst du das Natron einrühren. Dieses hat übrigens eine antibakterielle Wirkung und darf deshalb in deinem Deo nicht fehlen.
- Nun gibst du nur noch deine ätherischen Öle dazu und füllst dein Deo mithilfe eines Trichters in den sauberen Deoroller. Dein Deo ist maximal 2 Monate haltbar.

CREME-DEO

AUFWAND: gering

ZUBEREITUNGSZEIT: ca. 20 min.

SCHWIERIGKEITSGRAD: leicht

UTENSILIEN: Wasserbad, hitzebeständiges Gefäß, Löffel/Spatel, Behälter zum Aufbewahren (z. B. wiederbefüllbare Deosticks aus Plastik oder Pappe)

Zutaten:

10 g Sheabutter

20 g Kokosöl

20 g Natron

3 g pflanzliche Stärke (z. B. Maisstärke oder Kartoffelstärke)

20 Tropfen ätherisches Öl deiner Wahl

Zubereitung:

- Kokosöl und Sheabutter im Wasserbad schmelzen
- Während dem Abkühlen Natron und Stärke einrühren.
- Damit sich die Stärke nicht unten absetzt, muss die ganze Zeit gerührt werden.
- Um das Ganze zu beschleunigen, setzt du dein Gefäß auf ein Kühlpad oder stellst es in ein Wasserbad mit Eiswürfeln, während du immer weiterrührst.
- Wenn alles eine zähe Konsistenz bekommt, wird es Zeit für die ätherischen Öle.
- Alles nochmal kräftig verrühren und abfüllen.

Aufgrund des hohen Anteils von Kokosöl kann dein Deo, je nach Außentemperatur, härter oder weicher sein. Solltest du keine Sheabutter zur Verfügung haben, kannst du sie auch durch Kakaobutter ersetzen oder komplett durch Kokosöl. Du kannst natürlich auch eine kleinere Menge für ein Döschen machen und dein Deo dann mit dem Finger entnehmen und auf der Haut verreiben. Achte darauf, das Produkt nur mit sauberen Fingern zu berühren, oder verwende einen Spatel zur Entnahme.

Da kein Wasser verwendet wurde, ist das Deo mindestens 3 Monate haltbar.

Welchen Duft? Du willst nicht nur, dass dein Deo gut riecht, sondern auch etwas kann:

SALBEI hemmt die Schweißbildung.

ZITRONENÖL/TEEBAUMÖL wirkt antibakteriell und hemmt somit die geruchsbildenden Keime.

LAVENDELÖL/YLANGYLANG wirkt entzündungshemmend.

MINZE: wirkt kühlend und antibakteriell.

MANDARINE UND ORANGE wirken belebend und stimmungsaufhellend.

DEO IM ZERSTÄUBER

AUFWAND: gering
ZUBEREITUNGSZEIT: 5 min. (plus 1 Stunde Ausziehzeit)
SCHWIERIGKEITSGRAD: leicht
UTENSILIEN: Küchenreibe, 2 hohe Gläser, Sieb, Trichter, Zerstäuber (100 ml)

Zutaten für ca. 100 ml:

1 TL Natron
90 ml warmes, destilliertes/abgekochtes Wasser
Schale einer halben unbehandelten Zitrone
1 TL Zitronensaft
optional: 5–10 Tropfen ätherisches Öl

Zubereitung:

- Zitronenschale abreiben und mit dem Zitronensaft und dem warmen Wasser mischen. Lasse das Ganze eine Stunde ziehen, bevor du es über ein feines Sieb/Kaffeefilter in ein hohes Glas gießt. Anschließend gibst du langsam das Natron hinzu. Achtung, es schäumt stark, weshalb du wirklich ausreichend Platz im Glas haben solltest und das Natron am besten nur löffelweise zugibst. Wenn alles gut verrührt ist, kannst du das fertige Deo über einen Trichter in die Sprühfalsche abfüllen. Optional kannst du auch ätherische Öle zugeben, falls du den Duft noch etwas intensivieren möchtest.
- Dieses Deo ist ca. 2–3 Monate haltbar.

TIPP:
Tränke ein Wattepad oder einen kleinen Lappen mit Apfelessig und lege ihn dir so lange wie möglich unter die Achseln. Am besten machst du das abends und wäschst es erst am nächsten Morgen ab.
Der Essig zieht deine Poren zusammen und vermindert so die Schweißbildung am nächsten Tag.

200
250
ml
150
50

SCHÖNE HÄNDE UND FÜSSE

Was deine Hände und Füße täglich leisten, ist enorm, deshalb ist die Belastung für die Haut an diesen Körperstellen auch höher als an anderen Hautpartien. Nicht nur durch Beanspruchung, auch häufiges Waschen und Desinfizieren oder Kälte und Hitze setzen dem Schutzmantel der Haut zu. Die Folge ist trockene, rissige oder gar entzündete Haut. Das beste Gegenmittel ist eine extra Portion Pflege und Schutz für geschmeidige Hände und Füße.

Diese Fettcreme bietet dir Schutz vor Feuchtigkeitsverlust und zartschmelzende Pflege für beanspruchte Hände und Füße. Sie zieht etwas langsamer ein und bildet somit einen Schutzfilm vor dem Austrocknen. Außerdem zieht sie auch in tiefere Hautschichten ein und versorgt diese mit Wirkstoffen.

PROTECT-AND-CARE-SALBE

mit Gundermann

AUFWAND: gering

ZUBEREITUNGSZEIT: ca. 15–20 min. (plus 2–4 Wochen für Ölauszug)

SCHWIERIGKEITSGRAD: leicht

UTENSILIEN: Wasserbad, hitzebeständiges Glas, Mixer, Eiswürfel, lichtundurchlässigen Tiegel

Zutaten für ca. 60 g:

10 g Kakaobutter

10 g Sheabutter/Kokosöl

30 g Pflanzenöl oder Ölauszug deiner Wahl (z. B. Gundermannöl, dieser wirkt wundheilend)

3 g Bienenwachs oder vegane Alternative

5 g Ringelblumenöl/Kamillenmazerat/Lavendelmazerat

optional: 5 Tropfen ätherisches Öl (Lavendel z. B. wirkt entzündungshemmend und gleichzeitig positiv auf die Haltbarkeit deiner Creme)

- Gerne kannst du bei den flüssigen Ölen variieren oder auch nur ein flüssiges Öl verwenden (gesamt 35 g).

Zubereitung:

- Gib Kakaobutter, Sheabutter/Kokosöl und das Wachs deiner Wahl in ein feuerfestes Gefäß und stell es in ein Wasserbad zum Schmelzen deiner festen Zutaten.
- Sobald alle festen Zutaten geschmolzen sind, mischst du dein Pflanzenöl und das Ringelblumenöl dazu.
- Lass das Gefäß noch im Wasserbad und fange schon an, das Ganze mit dem Pürierstab zu mixen, damit sich das Wachs schon ein bisschen mit dem Rest verbindet.
- Nun nimm das Gefäß aus dem heißen Wasserbad und stell es in ein Wasserbad mit Eiswürfeln. Hör dabei nicht auf zu mixen.
- Mixe so lange weiter bis die Konsistenz fester wird und das Ganze aussieht wie steife Sahne.
- Zum Schluss kannst du optional noch dein ätherisches Öl unterrühren.
- Sobald die Creme vollständig ausgekühlt ist, kannst du sie abfüllen und den Tiegel beschriften.

Deine Schutzcreme ist im Kühlschrank ca. 6 Monate haltbar (je nach Haltbarkeit der Ausgangsrohstoffe) und kann auch jederzeit für andere trockene Körperstellen wie Ellbogen, Schienbeine, usw. benutzt werden.

TIPP:
Hagebuttenöl ist hervorragend geeignet für spröde Fingernägel. Einfach ein paar Tropfen auf den Nägeln verteilen und einmassieren.

Dies ist ein Grundrezept, das sich durch die pflegende Wirkung, die absolut natürlichen Zutaten und den Verzicht auf Konservierungsmittel auszeichnet. Es ist sowohl bei normaler bis trockener Haut als auch für Problemhaut (Schuppenflechte, Ekzeme, etc.) geeignet. Ideal auch als Hand- oder Fußcreme verwendbar. Diese reichhaltige Heilcreme mit Lanolin und Bienenwachs hilft!

SOS-HEILCREME

mit Lanolin

Deine Haut ist gerötet, trocken, spannt oder ist evtl. bereits entzündet, dann brauchst du in erster Linie etwas, dass sie beruhigt und an zweiter Stelle muss sie unterstützt werden, sich wieder zu heilen.

AUFWAND: mittel

ZUBEREITUNGSZEIT: ca. 20 min.
(plus 2–4 Wochen für einen Ölauszug deiner Wahl)

SCHWIERIGKEITSGRAD: mittel

UTENSILIEN: Wasserbad, 2 hitzebeständige Gläser, Mixer, Tiegel zur Aufbewahrung

Zutaten für ca. 100 g:

FETTPHASE (60 %):

40 g Mandelöl oder Ölauszug deiner Wahl
(Kamille oder Lavendel sind gut bei gereizter Haut)

5 g Sheabutter, o. a.

5 g Bienenwachs, o. a.

10 g Lanolin anhydrid

WASSERPHASE (40 %):

35 g abgekochtes Wasser, Hydrolat, Tee, …

5 g Weingeist 95 % Vol.

Zusätze:

6 Tropfen ätherisches Öl deiner Wahl (bei entzündeter Haut nur vorsichtig dosieren oder ganz weglassen)

Vorbereitung:

- Erst den Arbeitsplatz, Hände und Utensilien säubern und desinfizieren.
- Die ersten 3 Zutaten langsam im Becherglas schmelzen, dann das Öl und Lanolin hinzufügen und alles auf ca. 60 °C erwärmen. Dann ebenso temperiertes Wasser (abgekocht, Hydrolat, …) hinzufügen und gut mixen, bis die Creme erkaltet ist. Erst bei Handwärme das ätherische Öl und den Weingeist hinzufügen.

Diese Creme erhält unterschiedliche Wirkungen, lediglich durch den Austausch der Öle oder die Zugabe eines auf die Haut abgestimmten ätherischen Öls. Auch die Wasserphase kann beliebig durch Hydrolate oder Kräutertees ersetzt werden. Es handelt sich hier um eine sogenannte „Wasser in Öl"-Emulsion, die als die „wahre Feuchtigkeitsspenderin" gilt. Sie gibt nach dem Einreiben ihre Feuchtigkeit an die Haut ab, während das Öl einen leichten Film auf der Haut bildet und die Feuchtigkeit speichert.
Da diese Creme „nur" mit Weingeist konserviert wird, sollte bei der Herstellung besonders auf Sauberkeit geachtet werden, damit keine unerwünschten Keime in die Creme dringen. Am besten bewahrst du sie im Kühlschrank auf.

ABWANDLUNG: HARNSTOFFCREME BEI SCHUPPIGER HAUT

Diese Creme enthält einen für selbstgemachte Cremes sehr hohen Anteil an Harnstoff, ohne dass die Creme instabil wird. Besonders geeignet ist sie bei Schuppenflechte, gegen Hornhaut an den Füßen und jedes trockene, schuppige und sehr empfindliche Hautbild. Selbstverständlich ersetzt auch diese Creme nicht den Gang zum Arzt, aber sie kann bei regelmäßiger Anwendung eine deutliche Linderung der Beschwerden herbeiführen.

einmal Grundrezept SOS-Heilcreme mit Lanolin

5 g Harnstoff (Urea)

Den Harnstoff in einem kleinen Teil der Wasserphase auflösen und sobald die Creme etwas abgekühlt ist und anfängt stabil zu werden, die Harnstoffmischung unter kräftigem Rühren untermixen. Wichtig: Eine so große Menge Harnstoff führt leicht dazu, dass die Creme instabil wird oder gar nicht richtig emulgiert. Am besten benutzt man einen hochtourigen Mixer.

ABWANDLUNG: ERFRISCHENDE FUSSCREME MIT MENTHOL UND ROSMARIN

Die Harnstoffcreme für schuppige Haut kann schnell und einfach zu einer erfrischenden Fußcreme abgewandelt werden. Sie belebt müde Füße und sorgt gleichzeitig für einen guten Geruch.

einmal Grundrezept Harnstoffcreme bei schuppiger Haut

2 g Mentholkristalle (falls nicht vorhanden jeweils
5 Tropfen ätherisches Öl: Kampfer, Menthol, Eukalyptus)

10 Tropfen ätherisches Rosmarinöl

Die Mentholkristalle in etwas Wasser auflösen, was gemeinsam mit dem Harnstoff erfolgen kann, und wie im Grundrezept beschrieben untermixen. Zuletzt das ätherische Öl zugeben und unterrühren.

TIPP: Falls sich die Mentholkristalle nicht auflösen, kannst du auch etwas Alkohol verwenden.

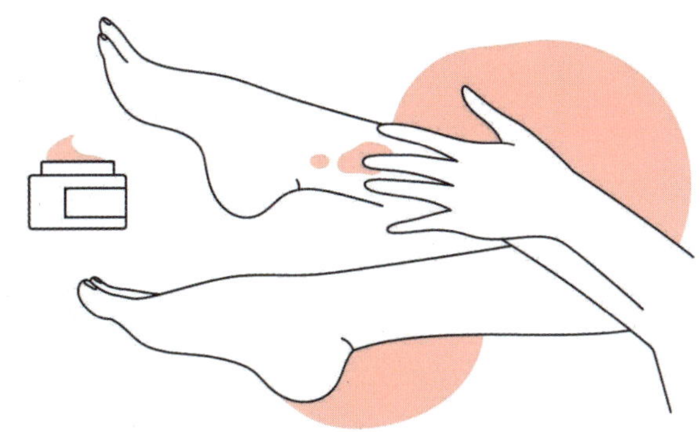

KÖRPERLOTIONEN

Bei trockener, empfindlicher Haut hat man es nicht leicht. Ist es heiß, schwitzt man und es juckt, bei kalter, trockener Luft spannt die Haut und es juckt auch. Bei einer selbstgemachten Hautcreme weißt du, was drin ist und kannst einfach und mit natürlichen Zutaten gegensteuern.

Diese Körpermilch zieht schnell ein und hinterlässt ein unglaublich samtiges Gefühl auf deiner Haut. Dabei ist sie für jeden Hauttyp geeignet und tatsächlich in 5 Minuten gerührt. Einfacher geht es nicht.

BODYMILK

kalt gerührte Körpermilch mit Lysolecithin

Normalerweise müssen Fett- und Wasserphase erhitzt werden, damit eine stabile Emulsion entsteht. Lysolecithin erreicht dies auch mit kalten Zutaten. So bleiben alle wertvollen Inhaltsstoffe vollkommen erhalten. Eigentlich ist diese Lotion, je nachdem welche Öle du verwendest, so reichhaltig, dass sie nicht mehr braucht, um zu glänzen. Daher sind die Wirkstoffangaben nur als Vorschlag zu verstehen und vollkommen flexibel und optional einsetzbar.

AUFWAND: mittel – hoch

ZUBEREITUNGSZEIT: 5–15 min. (*optional* Vorbereitung für einen kalten Ölauszug: 2–4 Wochen)

SCHWIERIGKEITSGRAD: leicht

UTENSILIEN: 1–2 Gläser, Mixer, Pumpspender

Zutaten:

15 g Pflanzenöl deiner Wahl

5 g Wirkstofföl deiner Wahl (Wildrosenöl, Nachtkerzenöl, Borretschöl, ...)

10 g Lysolecithin

1 g Xanthan oder 10 g Leinsamen in den 110 g destilliertem Wasser/abgekochtem Wasser zu einem Gel gemacht

110 g destilliertes Wasser/abgekochtes Wasser

10 Tropfen ätherisches Öl nach Belieben

Konservierung mit 20 Tropfen Rokonsal und gegebenenfalls Milchsäure, um den pH-Wert einzustellen (5,0–5,4 pH).

optional: 1 Messlöffel D-Panthenol

optional: 15 Tropfen Silkprotein

optional: 20 Tropfen Aloe vera 10-fach konzentriert

optional: 10 Tropfen Provitamin F

Zubereitung:

- Bereite wie immer alles hygienisch sauber vor. Falls du Xanthan statt Leinsamengel benutzt, rühre es klümpchenfrei in das Wasser ein. Nun Öl und Lysolecithin im Becherglas vermischen und dann unter schnellem Mixen das Wasser hinzufügen. Anschließend kannst du, je nach Belieben, deine restlichen Zutaten unterrühren und zum Schluss konservieren und den pH-Wert einstellen. Da die Creme bereits kalt ist, kann sofort abgefüllt werden und der (bestenfalls) Pumpspender wandert beschrifteterweise in den Kühlschrank und ist dort ca. 3 Monate haltbar. Wenn du kein Xanthan zur Hand hast, machst du dir aus 10 g Leinsamen und den angegebenen 110 g Wasser ein Leinsamengel. Es sollten insgesamt 110 g Gel entstehen. Dafür beginnst du am besten mit etwas mehr Wasser, um das verdampfte Wasser auszugleichen. Achte darauf, dass die Konsistenz noch fester wird, wenn das Gel abkühlt. Wie das funktioniert, siehst du im Kapitel 2 unter Leinsamengel.

Efeutinktur selbst gemacht:

- Efeublätter waschen, trocken tupfen und kleinschneiden. In ein Gefäß füllen, z. B. in ein leeres Schraubglas, und mit Alkohol bedecken (mindestens 40 % Vol., z. B. Wodka oder Korn). Glas verschließen und 2–4 Wochen lang ziehen lassen. Am besten das Glas täglich kräftig schütteln. Anschließend sieben/filtern und die Tinktur in ein dunkles Glas abfüllen. Um der Tinktur eine schöne Farbe zu geben, kannst du die Efeublätter auch mit dem Alkohol in einem Hochleistungsmixer fein pürieren. Nach der Ruhezeit von 2–4 Wochen muss die Tinktur jedoch dann (eventuell sogar mehrmals) über einen Fein-/Kaffeefilter gesiebt werden, um alle Schwebstoffe zu entfernen und eine klare Flüssigkeit zu erhalten.

Eine Lotion, die trockene Haut pflegt und zugleich strafft, kannst du dir ganz einfach selbst herstellen. Mach dir dafür die straffende Wirkung von Efeu, Kastanie und Gänseblümchen zu Nutze.

BODYLOTION

straffend

AUFWAND: mittel – hoch

ZUBEREITUNGSZEIT: 25 min. (Vorbereitung für den kalten Ölauszug und die Efeutinktur: 2–4 Wochen)

SCHWIERIGKEITSGRAD: mittel

UTENSILIEN: Wasserbad, 2 hitzebeständige Gläser, Pürierstab/Mixer, Trichter, Spatel, Pumpspender oder anderes Gefäß zur Aufbewahrung

Zutaten:

100 ml pflanzliches Öl
(z. B. Gänseblümchen- oder Kastanienblüten-Ölauszug)

5 g Bienenwachs/vegane Alternative

10 g Lanolin

30 g Sheabutter/Kokosöl

50 ml Efeutinktur (40 % Vol.)

50 ml destilliertes Wasser

Zubereitung:

- Bereite deinen Arbeitsplatz, Utensilien und deine Hände vor, indem du alles säuberst und desinfizierst. Wenn du alle Zutaten zusammen hast, ist die Herstellung der Creme sehr einfach: Wachs zusammen mit Öl, Butter und Lanolin im Wasserbad schmelzen und auf ca. 50 °C abkühlen lassen. Währenddessen auch die Efeutinktur auf 50 °C erwärmen und dann langsam unter ständigem, intensivem Rühren zur Fettphase geben. Am besten geht das mit einem Pürierstab. Mixe so lange, bis eine homogene Masse entstanden ist und gib nach Bedarf noch 10–20 Tropfen ätherisches Öl hinzu. Wenn die Creme abgekühlt ist, kannst du sie noch einmal umrühren und dann abfüllen. Am besten in eine große Pumpflasche oder alte Lotionflasche, die du natürlich vorher gründlich ausgespült und desinfiziert haben solltest. Beschriftung nicht vergessen und fertig ist deine super straffende und durchblutungsfördernde Körperlotion. Natürlich kannst du das Rezept jederzeit abwandeln und eine andere Tinktur verwenden (siehe Tinkturen) oder mit dem verwendeten Ölauszug spielen.

TIPP: Kastanien- und Gänseblümchenblüten verstärken den straffenden Effekt zusätzlich.

PEELINGS

Täglich erneuern sich etliche deiner Hautzellen und die abgestorbenen Zellen sollten einmal pro Woche entfernt werden. Danach fühlt sich deine Haut nicht nur streichelzart an, sondern sie bekommt auch wieder Luft zum Atmen. Dein Peeling ist mit einfachen Zutaten schnell und günstig selbst gemacht und enthält, im Gegensatz zu vielen Produkten im Handel, kein Mikroplastik.

Basiszutaten:

- Es gibt einige Zutaten, die sich für ein Peeling eignen und meistens mit einem Öl kombiniert werden. Als Basis dienen dir Kaffeesatz, Salz, Zucker, gemahlene Nüsse, Amarant, Mohn oder gemahlene Haferflocken. Dazu kannst du Früchte, Kräuter, Gemüse und Öle kombinieren. Beachte jedoch, dass Salz und Zucker aufgrund ihrer Kristallstruktur relativ scharfkantig sind und evtl. bei empfindlicher, sensibler Haut (Gesichtshaut) nicht oder nur sehr sanft verwendet werden sollten. Ebenso ist bei Salz zu beachten, dass es bei offenen Hautstellen (Wunden, frisch rasierte Stellen) brennt.
- Wende dein Peeling am besten in der Sauna oder nach einer warmen Dusche an, da so die Poren deiner Haut bereits geöffnet sind. Trage das Peeling in kreisenden Handbewegungen auf und lass es gegebenenfalls auch etwas einwirken. Nach dem Verreiben lauwarm abspülen und mit einem Handtuch nur trocken tupfen, so verbleibt das Öl noch auf der Haut und zieht weiter ein. Du brauchst abschließend keine Creme auftragen und deine Haut fühlt sich super weich und gepflegt an. Von einem täglichen Peeling ist abzuraten, da sonst die natürliche Hautschutzbarriere zu sehr belastet wird. Außerdem werden viele der abgestorbenen Zellen beispielsweise bereits durch das Abtrocknen mit dem Handtuch entfernt.

Hier einige Beispiele:

ZITRONEN-SALZ-PEELING

Zutaten:

50 g Salz (beispielsweise Meersalz)
1 halbe Bio-Zitrone (klein)
5 g Olivenöl
optional: ätherisches Öl deiner Wahl

Wasche die Zitrone gründlich und schneide sie klein. Mixe sie anschließend fein und gib die Hälfte des Salzes, das Olivenöl und ein paar Tropfen eines ätherischen Öls in den Mixer. Nochmals kurz mixen und mit dem restlichen Salz vermengen. Schon ist dein Peeling fertig.

KAFFEE-ZIMT-PEELING

Zutaten:

50 g Kaffeesatz
15 g pflanzliches Öl deiner Wahl
2 g Zimt

Verwende nur frischen Kaffeesatz und lasse ihn nach dem Aufbrühen erst abkühlen, bevor du ihn mit den restlichen Zutaten mischst. Kaffee und Zimt fördern die Durchblutung und verschaffen deiner Haut einen Frischekick.

ZUCKER-ROSEN-PEELING

Zutaten:

50 g Zucker

5 ml Rosenwasser

10 g Hagebuttenöl oder ein anderes pflanzliches Öl deiner Wahl

3 g Hagebuttenpulver

optional: ätherisches Öl deiner Wahl

Hagebutten sind die Früchte der gemeinen Rose und ein wahres Vitaminwunder, zudem hat das Öl der Hagebutte gute Anti-Aging-Eigenschaften.

WALNUSS-TANNEN-PEELING

Zutaten:

40 g gemahlene Nüsse

15 g Salatgurke entkernt und gemixt

5 g Tannennadeln gemahlen

5 g Walnussöl oder ein anderes Öl deiner Wahl

optional: ätherisches Öl deiner Wahl

Die Gurke spendet Feuchtigkeit und die Nährstoffe der Nüsse und des Öls pflegen deine Haut samtweich. Die Tannennadeln bieten zusätzlich einen leichten Abrieb und duften zudem herrlich.

Der Vorteil der Haarentfernung mit der Zuckerpaste im Gegensatz zur Wachsepilation ist, dass der Zucker nur an den Haaren klebt und nicht an der Haut, und somit ist die Entfernung weniger schmerzhaft. Außerdem entstehen weniger Probleme mit eingewachsenen Haaren, da sich der Zucker gut mit Wasser entfernen lässt und nicht, wie Wachs, die Poren verstopft. Zudem kannst du mit der Sugaringpaste die Haare in Wuchsrichtung entfernen und die Wurzeln werden weniger irritiert, die Haare schonender entfernt und weniger abgerissen.

SUGARINGPASTE

Enthaarungspaste

AUFWAND: gering
ZUBEREITUNGSZEIT: 20–30 min.
SCHWIERIGKEITSGRAD: leicht
UTENSILIEN: Topf, Löffel, Schraubglas zur Aufbewahrung

Zutaten:

200 g Zucker
100 ml Zitronensaft

Zubereitung:

- Karamellisiere den Zucker und den Zitronensaft in einem/r beschichteten Topf/Pfanne langsam. Achtung! Verbrennungsgefahr, da das Ganze gerne überschäumt. Benutze ein größeres Gefäß und nimm sofort Hitze weg, wenn es überzukochen droht. Sobald die Masse andickt und honigbraun wird, einen Tropfen entnehmen und in kaltes Wasser werfen. Somit kannst du die Konsistenz überprüfen. Diese sollte noch weich und ein bisschen wie Baumharz sein. Rühre nun die Masse so lange, bis sie bei Zimmertemperatur eine zähe, aber noch elastische und formbare Konsistenz hat. Wiederhole dazu evtl. den Tropfentest. Ist deine Masse zu hart geworden, gib noch etwas Zitronensaft hinzu. Die fertige Paste kannst du jetzt in einen luftdichten Behälter abfüllen und aufbewahren. Sie reicht für mehrere Enthaarungen und ist ca. 6 Monate haltbar.

Anwendung:

- Zuerst wärmst du die Sugaringpaste im Wasserbad auf Körpertemperatur an. Die Konsistenz sollte harzähnlich sein und beim Auftragen auf der Haut gut haften, dennoch nicht zu stark kleben.
- Die optimale Länge der Haare zum Entfernen liegt bei etwa 4 mm. Ich empfehle dir deshalb, die Haare erst einmal zu rasieren und auf diese Länge anwachsen zu lassen, denn längere Haare machen die Epilation schmerzhafter. Sorge auch dafür, dass deine Haut fettfrei und trocken ist.

- Schon geht's los. Nimm 1 Esslöffel voll von der warmen Zuckerpaste und forme sie zwischen den Fingern. Trage die Masse, gegen die Wuchsrichtung der Haare, sehr langsam mit den Fingerspitzen auf. Ziehe dabei einen schmalen, länglichen Streifen. Nach dem Auftragen streiche nochmal gegen die Haarwuchsrichtung über die Paste, damit sich diese gut mit den Haaren verbindet. Jetzt drückst du nochmal am oberen Ende fest an und ziehst anschließend ruckartig den Streifen in Richtung der Wuchsrichtung, der Haare (ähnlich der Wachsepilation). Die ganze Prozedur wiederholst du so lange, bis alle Haare entfernt sind. Die Zuckermasse ist mehrmals verwendbar. Forme den abgezogenen Streifen erneut, drücke ihn wieder an und zieh in ab. Sobald die Masse trüb und milchig wird und nicht mehr an den Haaren haftet, verwendest du eine neue Portion.
- Wenn du fertig bist, wäschst du die enthaarten Körperstellen lauwarm ab, um alle Zuckerrückstände zu entfernen und anschließend beruhigst du deine Haut mit einer pflegenden Hautcreme (bestens geeignet ist eine Kamille-/Lavendel-Bodylotion).
- In der Regel wachsen die Haare langsamer, sehr fein und weicher nach als bei anderen Methoden. Anfangs sollten die Haare alle 3 Wochen entfernt werden, danach verlängern sich die Abstände zur Haarentfernung, da sich der Haarwuchs verzögert.

TIPP:
Probiere die Technik anfangs auf einer kleinen Fläche aus und übe etwas. Du wirst bald merken, dass es dir immer schneller und besser gelingt.

BAD UND DUSCHE

natürliche Reinigung und Pflege

Insbesondere fürs Duschen und Baden sind im Handel viele aufwändig in Plastik verpackte Artikel mit fragwürdigen Inhaltsstoffen zu finden. Doch statt ratlos vor der großen Auswahl zu stehen, kannst du deine Haut- und Pflegemittel aus natürlichen Zutaten selber machen und gleichzeitig viel Müll sparen. Du kannst auch deine eigene Seife sieden, dies ist jedoch gar nicht so einfach und erfordert viel Geduld, da sie mehrere Wochen reifen muss, bevor sie verwendet werden kann.
Deshalb kommen jetzt ein paar blitzschnelle Alternativen zu herkömmlichen Duschgels und Seifen.

Eine super Alternative zu flüssigem Duschgel ist ein Duschbar. Du kannst komplett auf Plastik verzichten und hast eine lange Zeit etwas davon, da er sich nur langsam verbraucht.

DUSCHBAR

AUFWAND: gering

ZUBEREITUNGSZEIT: ca. 15 min. (plus Zeit zum Aushärten)

SCHWIERIGKEITSGRAD: leicht

UTENSILIEN: Wasserbad, feuerfestes Gefäß, Schüssel, Löffel, Silikonform

Zutaten:

100 g Sheabutter

100 g Speisestärke

100 g SLSA (Sodium Lauryl Sulfoacetate) oder SCI (Sodium Cocoyl Isethionate): Beides sind Tenside, die besonders mild sind und für Naturkosmetik zugelassen. SCI ist zudem palmölfrei und noch etwas milder als SLSA.

optional: ein paar Tropfen ätherisches Öl für einen angenehmen Duft

Silikonformen

Variationen:

- Für einen angenehmen Peelingeffekt kannst du optional 1–2 EL getrockneten Kaffeesatz zugeben.
- Möchtest du eine entzündungshemmende und durchblutungsfördernde Wirkung, dann gib 1–2 EL Heilerde dazu.

Zubereitung:

- Bei der Verarbeitung von Tensiden in Pulverform solltest du mit einem Mundschutz arbeiten, da das Pulver sehr fein ist, staubt und beim Einatmen deine Atemwege reizen kann. Schmelze zuerst die Sheabutter im Wasserbad und vermenge währenddessen die beiden trockenen Zutaten miteinander. Anschließend gibst du die flüssige Pflanzenbutter zu den trockenen Zutaten und vermischst alles gut miteinander. Die fertige Masse drückst du in die Silikonformen und stellst diese für ca. 1 Stunde in den Kühlschrank zum Aushärten.
- Fertig ist dein festes Duschgel, welches du wie eine Seife beim Duschen verwenden kannst. Feuchte das Waschstück etwas an, schäume es auf und wasche damit wie gewohnt deinen Körper. Achte darauf, das Waschstück so aufzubewahren, dass es gut abtrocknen kann und nicht in einer „Pfütze“ liegen bleibt.

Ich bin ein absoluter Fan von diesem Rezept, als Alternative zu meinen selbst gesiedeten Seifen, da es ohne Tenside auskommt und wirklich einfach zu machen ist. Für dieses Rezept kannst du Seifen aus dem Bioladen, der Drogerie oder am besten von einem Seifensieder deines Vertrauens benutzen.

DUSCHGEL

auf Seifenbasis

Bei gekauften Naturseifen solltest du darauf achten, dass sie im Kaltsiedeverfahren hergestellt sind (üblicherweise bei kleineren, handwerklichen Siedereien), da bei diesem Verfahren die Wirkung der Inhaltsstoffe nicht durch Hitze beeinträchtigt wird. Beachte jedoch, dass jede Seife anders ist und ein anderes Gelierverhalten hat, deshalb solltest du mit etwas weniger Wasser starten, denn verdünnen kannst du, bei einer zu dickflüssigen Konsistenz, immer noch. Schreibe dabei immer mit, wie viel Seife und wie viel Wasser du verwendest, damit du nicht jedes Mal wieder probieren musst, wenn du einmal dein perfektes Rezept herausgefunden hast.

AUFWAND: gering

ZUBEREITUNGSZEIT: ca. 20 min.

SCHWIERIGKEITSGRAD: leicht

UTENSILIEN: Topf, Herd, Küchenreibe/Messer, Löffel, Trichter, alte Duschgelflasche oder ein anderes Gefäß zur Aufbewahrung

Zutaten (Richtwert):

40 g Naturseife oder 11 g Kernseife

250 ml Wasser

optional: 10–15 Tropfen ätherisches Öl

Zubereitung:

- Zerkleinere die Seife mit einer Küchenreibe oder einem Messer und gib die Seifenflocken mit dem Wasser in einen hohen Topf. Bring die Seife unter ständigem Rühren bei mittlerer Hitze zum Schmelzen und achte darauf, dass es dir nicht überkocht, da es bisweilen stark schäumt. Je kleiner deine Seifenflocken sind, umso schneller lösen sie sich auf. Nachdem sich die Seife komplett aufgelöst hat, kannst du den Topf vom Herd nehmen.
- Jetzt ist das Ergebnis noch relativ flüssig, doch die Konsistenz ändert sich bereits etwas, während es auskühlt (dabei immer mal wieder umrühren).
- Lass das Gel über Nacht stehen und rühre dann nochmal kräftig um. Wenn die Konsistenz zu fest ist, gib noch etwas heißes Wasser zu und mixe kräftig.

- Ist das Gel zu flüssig, kannst du mit der Zugabe von vereinzelten Seifenflocken und einem erneuten Aufkochen Abhilfe schaffen. Bist du zufrieden mit der Konsistenz? Gut, denn dann kannst du es abfüllen (alte Duschgelflasche oder Glasflasche).
- Achte darauf, dass die Flasche nur zu zwei Dritteln gefüllt ist, denn es ist durchaus möglich, dass sich das Gel weiter verfestigt. Sollte dem so sein, kannst du einfach unter der Dusche etwas heißes Wasser einfüllen und schütteln. Dieses Rezept eignet sich genauso, um deine Flüssigseife aufzufüllen.

Variationen:

- Verwende statt des reinen Wassers einen starken Kräutertee (z. B. Salbei, Kamille, Lindenblüten, Lavendel, ...), für noch mehr Pflege. Um das Ganze noch cremiger zu machen, kannst du das Gel nach dem Abkühlen mit einem Rührgerät aufschlagen und optional auch noch 1–2 EL Kokosöl oder Pflanzenöl deiner Wahl untermixen. Das Öl verteilt sich gut im Duschgel und hinterlässt ein unglaublich weiches und angenehmes Hautgefühl nach dem Duschen. Die Haltbarkeit variiert dann allerdings etwas, denn das Duschgel ohne Öl ist etwa 5–6 Wochen haltbar und mit Öl kann es bereits früher zu einer Oxidation kommen.

Wenn du empfindliche Haut hast, kann es sein, dass Seife aufgrund des höheren pH-Wertes nichts für dich ist. Dann solltest du auf Produkte zurückgreifen, die einen pH-Wert haben, der dem der Haut entspricht, und dieses Rezept ausprobieren.

DUSCHGEL

sensitiv

AUFWAND: mittel

ZUBEREITUNGSZEIT: ca. 15 min.

SCHWIERIGKEITSGRAD: leicht

UTENSILIEN: ein hohes Gefäß, Pürierstab/Rührgerät, eine leere Duschgelflasche oder ein anderes Gefäß zur Aufbewahrung, Trichter

Zutaten:

100 g destilliertes Wasser oder Kräuterauszug deiner Wahl

40 g pflanzliches Öl

70 g Betain oder SLSA (Sodium Lauryl Sulfoacetate) oder SCI (Sodium Cocoyl Isethionate): Beides sind Tenside, die besonders mild und für Naturkosmetik zugelassen sind. SCI ist zudem palmölfrei und noch etwas milder als SLSA.

1 TL Xanthan *oder*
2 EL Leinsamen mit dem Wasser zu einem Leinsamengel machen (siehe Kapitel 2, Leinsamengel)

8–10 Tropfen ätherisches Öl

5 Tropfen Biokons

ca. ½ TL Zitronensäure

Zubereitung:

- Bereite deine Hände, den Arbeitsplatz und deine Utensilien hygienisch vor und löse dann zuerst die Zitronensäure und das Xanthan im Wasser klümpchenfrei auf. Falls du kein Xanthan zur Hand hast, stellst du dir aus 2 EL Leinsamen und Wasser erst ein Leinsamengel her. Anschließend gibst du das Tensid deiner Wahl (verwende aus Sicherheitsgründen eine Schutzmaske) hinzu und mixt, bis eine gleichmäßige Masse entsteht. Gib nun die restlichen Zutaten hinzu und mixe noch einmal kräftig für weitere 2–3 Minuten. Dein Duschgel ist fertig und du kannst es über einen Trichter in ein geeignetes Gefäß abfüllen und beschriften. Mit einem pH-Wert um 5 pH ist es besonders sensitiv, da dieser auch im Bereich des pH-Werts deiner Haut liegt. Aufgrund des verwendeten Konservierungsmittels ist das Duschgel etwa 4–5 Wochen haltbar. Wenn du darauf verzichten möchtest, ist es im Kühlschrank ca. 1 Woche haltbar.

Dies ist ein einfaches Rezept mit großer Wirkung. Kakaobutter und Öle pflegen die Haut und hinterlassen ein samtweiches Hautgefühl nach dem Baden. Ein späteres Eincremen ist nicht mehr nötig.

BADE-DUFT-WÜRFEL

pflegend

AUFWAND: leicht

ZUBEREITUNGSZEIT: 15 min.
(plus Abkühlzeit ca. 2 Stunden)

SCHWIERIGKEITSGRAD: leicht

UTENSILIEN: Wasserbad, hitzebeständiges Gefäß, Löffel, Silikonformen

Die Würfel lösen sich nur langsam im Badewasser auf, sodass der Duft viel länger als bei anderen Badezusätzen erhalten bleibt.

Zutaten:

150 g Kakaobutter

70 g pflanzliches Öl deiner Wahl

25 g Lysolecithin/Fluid Lecithin Super

Zubereitung:

- Kakaobutter und Pflanzenöl im Wasserbad schmelzen (nicht über 65 °C) und anschließend das Lecithin unter ständigem Rühren hinzugeben. Dann kannst du die Masse in Eiswürfelbereiter oder eine andere Form geben und erkalten lassen. Am besten friert man sie kurz ein. Wenn die Würfel fest sind, können sie aus der Form genommen werden und in kleine Stücke geschnitten werden (falls sie nicht in einem Eiswürfelbereiter waren).
- Aufbewahren tust du sie am besten in einem luftdichten Glas an einem kühlen Ort.

- Dieses Basisrezept ist an sich schon sehr wohltuend und pflegend. Nun kannst du die Würfel aber noch mit verschiedenen Düften verfeinern oder durch Kräuter, Blüten und Gewürze variieren.

- Dazu gibst du vor dem Abfüllen noch bis zu 20 Tropfen ätherisches Öl deiner Wahl hinzu.

MÖGLICHE ZUSÄTZE:

Nelken, Sternanis, Fenchel, Rosmarin, Tannennadel, Rosenblüten, Veilchen, Salbei, Ringelblumen, Lavendelblüten, ... Die Möglichkeiten sind nahezu unendlich und haben entweder eine Wirkung auf die Sinne und/oder deine Haut.

So lassen sich vor allem für Geschenke wunderschön dekorierte Würfel zaubern, die jedem Beschenkten eine wahre Freude sein werden.

TIPP: Wie bei Eiswürfeln lassen sich die Badewürfel leichter entfernen, wenn du die Form nach dem Einfrieren von unten mit heißem Wasser abspülst. Durch das Einfrieren bleiben die Würfel besser in Form. Statt in Eiswürfelformen kannst du die Masse auch in einer Gefrierdose abkühlen lassen, die gerade so groß ist, dass die Höhe der Masse darin ca. 1,5 bis 2 cm beträgt. Nach dem Abkühlen vorsichtig lösen und in unterschiedliche Formen schneiden.

Du kannst auch mit Plätzchenausstechern schöne Formen ausstechen und den Rest wieder einschmelzen.

TIPP: Den Würfel erst kurz vor dem Baden in das Badewasser geben. So entfaltet sich der Duft während des Bades und nicht vorher. Falls doch noch etwas Öl auf dem Wasser schwimmt, einfach mit ein paar rührenden Handbewegungen verteilen.

Ein GRUNDREZEPT ergibt ungefähr 20 Badewürfel 2 x 2 cm.

Dieses Rezept passt besonders in die Advents- und Weihnachtszeit. Ob als Kleinigkeit in den Adventskalender, als Wichtelgeschenk oder Mitbringsel zur Adventszeit. Diese Würfel sind die passende Einstimmung auf die Festtage.

TIPP:
Getrocknete Orangen- oder Zitronenschalen kann man auch selber herstellen, indem man die Schale von gegessenen Früchten klein schneidet und auf der Heizung 2–3 Tage trocknet. *Wichtig: Unbedingt darauf achten, dass es sich um ungespritzte Früchte handelt!* So sind auch den Mustern keine Grenzen gesetzt. Mit Plätzchenausstechern oder sonstigen Gegenständen lässt sich die Schale leicht in Form bringen.

Alleine die Wärme eines Vollbades wirkt sich positiv auf deinen ganzen Körper aus. Die Muskulatur entspannt sich und die Poren deiner Haut öffnen sich. Wenn du nun noch einen tollen Duft für den Geist, Pflege für die Haut und Wirkstoffe für deinen Körper hinzufügst, ist dein Jungbrunnen perfekt.

BADESALZ

Zutaten zum Seele-baumeln-Lassen:
ätherische Öle/Kräuter/Blüten

Sehr beliebt sind Lavendel (beruhigend), Orange (belebend) oder Minze (befreiend), aber die Möglichkeiten sind so vielfältig. Lass dich von der Zusammenfassung der ätherischen Öle in Kapitel 2 inspirieren.

Verwendung:

Je nach Belieben dürfen es bis zu 30 Tropfen ätherisches Öl auf ein Vollbad sein und du solltest es erst hinzufügen, wenn du in die Wanne steigst, da sich der Duft sonst zu schnell verflüchtigt.

Zutaten für Körper und Haut:

- Meersalz oder jedes andere Salz (ca. 50 g je Vollbad) wirkt desinfizierend auf die Haut und kann bei Entzündungen/Neurodermitits helfen. Außerdem wirkt es entschlackend und Giftstoffe werden aus deinem Körper geschwemmt.
- Öle wirken pflegend und feuchtigkeitsspendend auf deine Haut.
- Epsomsalz (ca. 30 g je Vollbad) enthält Magnesium, welches der Körper am besten über die Haut aufnehmen kann. Es wirkt sich positiv bei Muskel- und Gelenkbeschwerden aus und kann unter anderem Arthrose- und Rheumabeschwerden lindern. Achte darauf, dass es, oral eingenommen, abführend wirkt und bewahre es deshalb außer der Reichweite von Kindern auf.
- Natron (2 EL je Vollbad) hat eine entsäuernde Wirkung und wirkt sich somit positiv auf deinen Säure-Basen-Haushalt im Körper aus.
- Milchpulver wirkt ebenso wie Öl rückfettend und pflegend auf deine Haut.
- Honig ist feuchtigkeitsspendend und trägt mit seinen Enzymen zur Regeneration der Haut bei.

Hier ein paar Rezepte, von denen du etwa 2–3 EL des fertigen Badesalzes je Vollbad benötigst. Dies bedeutet, die Rezepte reichen für einen Vorrat oder lassen sich auch super verschenken. Lass das Badesalz nach dem Anmischen erst 1–2 Tage stehen, damit das Salz die Öle aufnehmen kann, bevor du es verwendest.

ROSENBLÜTEN-BADESALZ

luxuriös genießen

Zutaten:

150 g Meersalz oder anderes Salz deiner Wahl (Himalayasalz ist optisch ein besonderer Hingucker)

30 g Milchpulver

20 g Rosenblüten getrocknet und zerkleinert

20 g Honig

20–30 Tropfen ätherisches Öl deiner Wahl

Alles miteinander vermengen und in einem luftdichten Glas aufbewahren.

LAVENDEL-BADESALZ

beruhigend und entspannend

Zutaten:

100 g Meersalz oder anderes Salz deiner Wahl

50 g Epsomsalz

20 g Lavendelblüten

20 g Natron

10 g pflanzliches Öl deiner Wahl

20–30 Tropfen ätherisches Öl deiner Wahl, beispielsweise Lavendel und Bergamotte

Vermische alles miteinander und bewahre es in einem luftdichten Glas auf.

ORANGE-ZIMT-BADESALZ

erfrischend und belebend

Zutaten:

150 g Meersalz oder anderes Salz deiner Wahl

70 g Epsomsalz

1 unbehandelte Orange

1 EL Zimt

10 g pflanzliches Öl deiner Wahl (beispielsweise Nelke und Zedernholz)

Vorbereitung:

Schneide eine unbehandelte Orange in Scheiben und lege diese zum Trocknen an einen warmen, luftigen Ort. Nachdem sie komplett getrocknet sind, kannst du sie zerkleinern. Entweder sehr fein, damit du das ganze Badewasser ohne Problem ablaufen lassen kannst, oder relativ grob, um die Orangenstücke vor dem Ablassen des Badewassers abzufischen.

Dann einfach alle Zutaten miteinander vermengen und in einem luftdichten Glas aufbewahren.

SEIFE

ein beliebter Allrounder

Viele nutzen sie, aber die wenigsten kennen die Unterschiede in der Herstellung und Verwendung der verschiedenen Seifensorten.

NATURSEIFE eignet sich besonders gut für die Körperhygiene, denn sie wirkt rückfettend und enthält feuchtigkeitsspendendes Glycerin. Die Naturseifen von kleinen Seifensiedereien entstehen oft in Handarbeit im Kaltsiedeverfahren, wodurch alle pflegenden Eigenschaften der meist pflanzlichen Fette erhalten bleiben. Außerdem werden bewusst nicht alle Öle von der Lauge verseift. Die Menge an überschüssigem Fett bestimmt die Pflegeeigenschaften der Seife und durch diese bewusst erzeugte rückfettende Wirkung eignen sie sich nicht als Putz- oder Waschmittel. Das freie Öl würde Kleidung ranzig riechen lassen und auf Oberflächen Schlieren hinterlassen.

KERNSEIFE zum Waschen und Putzen. Wir unterscheiden hierbei zwischen reiner Kernseife ohne Überfettung und Parfümierung und Kernseife mit Überfettung und nachträglich zugegebenem Glycerin und Duft. Die reine Kernseife eignet sich hervorragend als Waschmittel und als Zusatz zu anderen Reinigungsmitteln. Da sie aber keinerlei pflegende Zusatzstoffe enthält, ist sie zur Körperhygiene nur bedingt geeignet, da sie der Haut zu viel Fett entzieht und somit austrocknet. Kernseife entsteht, wenn der zunächst im Heißsiedeverfahren entstandene Seifenleim in einem weiteren Schritt mit Natriumchlorid (Kochsalz) gekocht wird. Durch dieses Aussalzen spaltet sich die Masse in den Seifenkern (daher der Name Kernseife), Glycerin und andere Stoffe. In den preiswerteren Varianten wird Kernseife aus tierischen Fetten (Tallowate-Rindertalg) hergestellt. Die meisten industriell hergestellten Seifen im Drogeriemarkt beispielsweise werden dann noch mit pflegenden Zusätzen versehen, indem ein Teil des feuchtigkeitsspendenden Glycerins wieder und zusätzlich Öl/Duft zugegeben wird.

Die Herstellung der eigenen Seife ist spannend und sowohl eine eigene kleine Wissenschaft als auch eine Kunstform. Deshalb freue ich mich besonders, dir hier einen kleinen Einblick zu geben in dieses Handwerk und die Wertigkeit von Naturseifen. Es wird etwas anspruchsvoller, aber keine Sorge, ich werde dich Schritt für Schritt begleiten zu deinem eigenen Stück Seife, welches du mit Stolz selbst verwenden oder an deine Lieben verschenken kannst.

SEIFE

sieden

AUFWAND: hoch

ZUBEREITUNGSZEIT: 60 min.

SCHWIERIGKEITSGRAD: mittel

UTENSILIEN: Waage, warmes Wasserbad, kaltes Wasserbad mit Eiswürfeln, 2 Schüsseln, hohes Gefäß aus Edelstahl oder feuerfestem Glas, Schneebesen aus Edelstahl, Teigschaber aus Silikon, Pürierstab und eine Form zum Gießen (Silikonform, Aufbewahrungsform), Frischhaltefolie, Handtücher

Zutaten:

250 g Kokosöl

200 g Rapsöl

75 g Mohnöl

75 g Distelöl

175 g destilliertes Wasser

87 g Natriumhydroxid
(erhältlich im Internet oder in einer Apotheke)

Vorbereitung und gut zu wissen:
Damit dir deine Seife unfallfrei gelingt, komme ich gleich zum wichtigsten Teil, den Sicherheitsvorkehrungen: Die Zubereitung erfordert eine gute Vorbereitung, Genauigkeit, Ordnung und Ruhe.

- Du solltest dir dafür ausreichend Zeit nehmen und alle Ablenkungen wie Kinder, Haustiere, Fernseher, Telefon usw. vermeiden.
- Es wird mit einer stark ätzenden Lauge gearbeitet, die bei falscher Handhabung starke Hautverätzungen und Augenschäden verursachen kann. Verwende deshalb unbedingt während dem ganzen Prozess eine Schutzbrille und Schutzhandschuhe.
- Generell solltest du lange, anliegende Kleidung und Schuhe tragen und deine Haare aus dem Gesicht binden, um Hautkontakt mit der Lauge oder dem Seifenleim zu vermeiden. Bei Hautkontakt möglichst schnell und lange unter fließendem, lauwarmem Wasser abspülen und anschließend einen Arzt konsultieren.

- Die Dämpfe, die bei der chemischen Reaktion entstehen, nicht einatmen. Es empfiehlt sich, das Natriumhydroxid im Freien zum Wasser zu geben oder alternativ alle Fenster zu öffnen und für einen Durchzug zu sorgen.
- Am besten auf Fliesen, Stein oder Metalloberflächen arbeiten. Falls nicht vorhanden, kannst du auch mehrere Lagen Zeitungspapier auslegen.
- Der Arbeitsplatz muss sauber, ordentlich und mit dem Nötigsten ausgestattet sein. Achte darauf, dass alle Utensilien wirklich griffbereit sind.
- Reinige alle Utensilien und den Arbeitsplatz vor und besonders nach der Seifenherstellung wirklich gründlich per Hand.

Zubereitung:

- Zuerst wird die Lauge hergestellt. Nicht vergessen: Schutzausrüstung tragen und möglichst ruhig und langsam arbeiten, um Spritzer oder Verschütten zu vermeiden! Dazu benötigst du ein möglichst hohes Gefäß (um Spritzer zu vermeiden) aus Edelstahl oder feuerfestem Glas, in welches du grammgenau das Wasser abwiegst. Aluminium oder andere Materialien sind nicht geeignet, da sie von der Lauge angegriffen werden. In einer separaten Schüssel wiegst du das Natriumhydroxid ab. Bei der Vermischung von Wasser mit Natriumhydroxid entstehen Dämpfe, die nicht gut für deine Schleimhäute sind, und es kommt zu einer exothermen Reaktion; dies bedeutet, das Wasser erwärmt sich stark, weshalb du möglichst kaltes destilliertes Wasser benutzen solltest. Begib dich also zum Vermischen nach draußen oder öffne alle Fenster, für eine gute Durchlüftung im Raum. Nun schüttest du langsam das Natriumhydroxid zum Wasser (niemals umgekehrt!) und rührst vorsichtig um, bis sich alles aufgelöst hat. Die entstandene Lauge ist nun sehr warm und muss zur weiteren Verarbeitung erst auf ca. 30 °C abkühlen. Um dies zu beschleunigen, kannst du das Gefäß in ein kaltes Wasserbad mit Eiswürfel stellen. Achte auf einen festen Stand des Gefäßes.

- In eine Schüssel kannst du nun das Kokosöl abwiegen und über dem warmen Wasserbad schmelzen. Sobald es geschmolzen ist, wiegst du die restlichen Öle dazu.
- Wenn beide Komponenten nun etwas abgekühlt sind, wird der Seifenleim hergestellt. Gib dafür die Ölmischung langsam und ohne zu spritzen in die Lauge. Anschließend mixt du die Mischung ausgiebig mit dem Pürierstab. Je nachdem welche Leistung dein Pürierstab hat, dauert es in etwa 1–3 Minuten, bis das Ganze deutlich dickflüssiger, puddingartig wird.
- Falls du weitere Zusatzstoffe zufügen möchtest, ist jetzt der richtige Zeitpunkt – siehe Zusatzinfo.
- Der Seifenleim ist fertig und du kannst aufhören zu mixen. Jetzt heißt es schnell sein, denn die Masse zieht rasch an und es wird schwierig, sie zu verarbeiten. Gieße sie deshalb zügig aber trotzdem konzentriert in deine vorbereitete Form und klopfe diese etwas auf dem Untergrund, um Luftblasen herauszubekommen. Decke die Silikonform und den Seifenleim mit Frischhaltefolie ab oder verschließe die Aufbewahrungsdose mit dem Deckel.
- Die Form stellst du nun für 24 Stunden an einen warmen Ort und wickelst sie von allen Seiten mit 1–2 Handtüchern ein. Die Form sollte nicht mehr bewegt werden.
- In dieser Zeit während des Verseifungsprozesses entstehen Temperaturen von bis zu 60 °C und aus dem Seifenleim eine schnittfeste Seife. Diese kannst du nach einem Tag aus der Form nehmen. Aber Achtung: Die Seife ist noch sehr scharf, mit einem hohen pH-Wert, weshalb du noch Handschuhe tragen solltest. Verwenden kannst du die Seife so noch nicht, denn sie muss erst reifen. Stelle sie dazu an einen luftigen, kühlen, dunklen Ort. Falls du eine feste Dose als Form verwendet hast, gib sie für 1–2 Stunden in das Gefrierfach, so lässt sich der Seifenblock anschließend leichter aus der Dose bekommen. Dreh sie dazu einfach auf den Kopf und wenn der Block etwas taut, flutscht er von selbst aus der Form. Nun kannst du den Block in Scheiben schneiden und ebenfalls zum Reifen aufstellen.
- Während des Reifeprozesses verliert die Seife Wasser, wird fester, milder und bekommt einen hautverträglichen pH-Wert. Nach mindestens 3–4 Wochen kannst du die Seife dann zum Waschen verwenden. Je länger du die Seife trocknest, desto milder wird sie, zum Testen kannst du auch immer wieder den pH-Wert mit Teststreifen messen.

Weitere Zusatzstoffe und Variation:

- Fürs erste Mal Sieden würde ich auf weitere Zusatzstoffe wie Farbe, Tonerden oder vor allem ätherische Öle verzichten, denn diese bewirken, dass der Seifenleim noch schneller andickt, bis hin zum sogenannten Blitzbeton, und so die weitere Verarbeitung stark erschwert wird. Wenn du aber deine Seife schon beim ersten Mal etwas pimpen möchtest, kannst du gerne, nachdem du sie in der Form hast, noch getrocknete Blüten oder Kräuter arrangieren und mit einem Spatel etwas andrücken.

Nun zur Kunstform und der Wissenschaft für sich:

- Wenn du später etwas versierter im Umgang bist, kannst du zum Beispiel den Seifenleim in mehrere Portionen aufteilen und jede mit einer anderen Farbe einfärben, um optisch noch mehr aus deiner Seife herauszuholen. Dabei ist jedoch die Viskosität des Seifenleims enorm wichtig, denn ist er zu fest, lässt er sich nicht schön gießen und es entstehen eher Farbblöcke und Lufteinschlüsse; ist er jedoch zu flüssig, vermischen sich die Farben in der Form zu einem Einheitsbrei.

Deiner Kreativität sind hier keine Grenzen gesetzt:

- Peelingeffekt durch Mohn, Kokosraspel, Haferflocken usw.
- Farbe durch Tonerden, Aktivkohle, Lebensmittelfarbe, usw.
- Optische Highlights durch Blüten, Kräuter, Glitzer usw.

Natürlich kannst du auch bei den Hauptinhaltsstoffen variieren und andere Fette und Öle verwenden, dann solltest du aber unbedingt einen Seifenrechner verwenden, um die korrekte Menge Natronlauge zu errechnen. Denn in diesem Rezept ist diese bereits vorgegeben und auf eine Überfettung von 6,5 % ausgerechnet; aber sobald du die Fettmengen veränderst, muss unbedingt die Natronlauge neu berechnet werden oder auch wenn du einen anderen Überfettungsgrad haben möchtest. Welche Öle und Fette gut geeignet sind und welche Eigenschaften sie mit sich bringen, würde hier den Rahmen sprengen. Einen guten Überblick darüber und auch einen Seifenrechner findest du auf der Internetseite www.seifensiedepunkt.de.

- Wichtig zu erwähnen ist, dass sich die Zeitspanne, bis sich ein dickflüssiger Seifenleim bildet, bei der Verwendung von anderen Ölen verändern kann.

SEIFE EINFACH SELBST GEMACHT:

- Deine eigene Seife selbst gießen ist nicht schwer und du kannst dich kreativ so richtig austoben.
- Ich stelle dir zwei Methoden vor, welche du individuell und nach Lust und Laune variieren kannst, ohne selber mit ätzender Lauge eine Seife sieden zu müssen. Einmal verwenden wir Glycerin-Rohseife und einmal eine fertige Seife (Kernseife, Naturseife, Seifenreste, Seifenflocken).

GLYCERIN-ROHSEIFE

AUFWAND: leicht

ZUBEREITUNGSZEIT: 20 min. plus Abkühlzeit

SCHWIERIGKEITSGRAD: leicht

UTENSILIEN: Wasserbad, 1 Schüssel, Spatel und 1 Form zum Gießen (Silikonform oder andere Form mit Frischhaltefolie ausgekleidet, es geht auch ein leerer Tetra-Pak-Karton, dem du eine Seite wegschneidest)

Zutaten:

150 g Glycerin-Rohseife

1 EL Öl deiner Wahl

25 Tropfen ätherisches Öl deiner Wahl

optional: Kräuter, Blüten, Kaffeebohnen, Mohn, Aktivkohle gemahlen, Honig, Tonerden, Lebensmittelfarben, Glitzer und vieles mehr

Zubereitung:

- Schneide die Rohseife in kleine Stücke und schmelze diese gleichmäßig und langsam über dem Wasserbad, in einem Topf direkt auf dem Herd oder in einer Schüssel in der Mikrowelle (300 W für 1 Minute, anschließend umrühren und gegebenenfalls noch mehrmals 10 Sekunden in die Mikrowelle).
- Nun kannst du deine Seifenbase mit 1 EL Öl deiner Wahl reichhaltiger machen und vorsichtig das ätherische Öl untermischen. Genauso ist es nun Zeit für alle optionalen Zusätze (Farben, Glitzer und/oder Pflanzenstoffe). Vermische alles vorsichtig, damit sich alles gleichmäßig verteilt.
- Anschließend gießt du die flüssige Seife zügig in die Form. Während die Seife noch formbar ist, kannst du nach Wunsch getrocknete Pflanzenstoffe, Kaffeebohnen, etc. auf die Oberfläche geben und sie vorsichtig andrücken.
- Sobald die Seife formstabil und vollständig ausgehärtet ist, kannst du sie einfach aus der Form nehmen und schneiden (falls du einen Block gemacht hast). Je größer deine Form, desto länger dauert es, bis sie wirklich komplett ausgehärtet ist.
- Du solltest die Seife an einem dunklen kühlen Ort aufbewahren, bis du sie verwendest. Am besten wickelst du sie in etwas Pergamentpapier ein zur Lagerung.

Für dieses Rezept kannst du hervorragend Seifenreste verwerten und nicht nur zu einem praktischeren, größeren Stück schmelzen, sondern das Ganze auch optisch aufwerten oder, wenn du Kernseife verwendest, sogar mit hochwertigen Ölen pflegender und auf deine Bedürfnisse abgestimmt gestalten.

SEIFENRESTE

Aus Alt mach Neu

AUFWAND: mittel

ZUBEREITUNGSZEIT: 30–120 min. plus Abkühlzeit

SCHWIERIGKEITSGRAD: leicht

UTENSILIEN: Topf, Herd, Spatel oder Löffel und eine/mehrere Formen zum Gießen

Zutaten:

Mengen kannst du beliebig ändern, halte dich dabei nur an die Verhältnisse

150 g Seife fein geraspelt
(Kernseife, Naturseife, Seifenreste, …)

15 g Wasser, Tee, Milch, Flüssigkeit deiner Wahl

10 g pflegendes Öl deiner Wahl
(Mohnöl, Traubenkernöl, …)

optional: ätherisches Öl, Kräuter, Blüten, Mohn, Kokosraspel, Tonerden, Lebensmittelfarbe, Honig, Kaffee ganz oder gemahlen, …

Zubereitung:

- Gib die geraspelte Seife und die Flüssigkeit in einen Topf und schmelze sie bei niedriger Temperatur auf dem Herd. Rühre dabei immer wieder um und gib gegebenenfalls noch etwas Flüssigkeit dazu, falls die Seife zu fest wird. Der Schmelzprozess dauert je nach Menge bis zu einer guten Stunde.
- Währenddessen kannst du deine Formen vorbereiten und alle übrigen Zutaten bereitstellen.
- Wenn die Seife geschmolzen ist gib das pflegende Öl und die restlichen Zutaten nach Wunsch hinzu und verrühre alles gründlich.
- Anschließend ist die Seife bereit, in die Form gegossen zu werden. Oder du dressierst sie mit einem Spritzbeutel auf, allerdings musst du hier sehr schnell und mit kleinen Mengen arbeiten, da die Masse schnell aushärtet.
- Zum Schluss kannst du auch noch Blüten, Kräuter, etc. auf der Oberfläche etwas andrücken. Wenn die Seife komplett ausgehärtet ist, kannst du sie aus der Form nehmen, schneiden und auch gleich verwenden. Wenn du mehr gemacht hast, wickelst du den Rest zur Lagerung am besten in etwas Pergamentpapier ein und legst ihn an einen kühlen, dunklen Ort.

KAPITEL 5

HAARE

HAARE

Haare geben unserem Gesicht einen Rahmen und tragen dazu bei, dass wir uns wohl fühlen in unserer Haut. Die Vorlieben sind dabei etwa so unterschiedlich wie die Bedürfnisse. Lang, kurz, lockig oder glatt, mit Farbreflexen oder natürlich. Anti Schuppen, Anti Spliss, gegen schnelles Fetten aber für starken kräftigen Haarwuchs und brillante Farben – all dies verspricht die Industrie mit Silikonen, Parabenen, auf Erdöl basierenden und hormonverändernden Mitteln. Ganz einfach selbst kannst du dir deine Reinigungsprodukte und Pflegemittel aus Hausmitteln und anderen natürlichen Hilfsmitteln herstellen. Wie das funktioniert erfährst du in diesem Kapitel.

HAARWÄSCHE

Alleine zur Haarwäsche gibt es die verschiedensten Produkte und die meisten haben eines gemein: Sie bestehen aus kostengünstigen Tensiden mit hautreizender und irritationsfördernder Wirkung. Diese Tenside trocknen die Kopfhaut stärker aus und geben der Haut das Signal, dies durch vermehrte Talgproduktion ausgleichen zu müssen. Ein Teufelskreis entsteht, in dem ich irgendwann soweit war, dass ich morgens meine Haare gewaschen habe und abends waren sie bereits wieder fettig. Falls dir das bekannt vorkommt, erfährst du hier in vielen erprobten Rezepten, wie es auch anders gehen kann. Dabei wird nicht jedes Rezept für jeden geeignet sein, aber eines ist auf jeden Fall dabei, mit dem auch du dich wohl fühlst. Beachte, dass es 2–4 Wochen dauern kann, bis du die tatsächlichen Ergebnisse mit deinem Rezept sehen kannst, denn deine Kopfhaut muss sich erst von allen Altlasten befreien und an die neue Situation gewöhnen, um sich selbst wieder zu regulieren.

Bei fettigem Haar und zur normalen Haarwäsche empfiehlt sich eine Roggenmehlwaschpaste, da sie Schmutz und Talg aufnimmt und die Kopfhaut dabei nicht austrocknet.

WASCHPASTE

Roggenmehl / Lava-Erde

AUFWAND: gering

ZUBEREITUNGSZEIT: 1 min.
(plus Ausziehzeit je nach Wahl)

SCHWIERIGKEITSGRAD: leicht

UTENSILIEN: Schüssel, Löffel oder kleinen Schneebesen

Zutaten:

3 EL Roggenmehl TYP 1150 oder Lava-Erde

150 ml Wasser oder Auszug deiner Wahl

1 Prise Salz

optional: 0,5 TL Natron

Variationen:

- Statt Wasser kannst du auch einen Auszug deiner Wahl verwenden (z. B. Minze, Kamille, Lavendel, Rosmarin oder Avocadokernsud, …) und du kannst auch einen Teil des Wassers durch Aloe-vera-Gel und oder durch Glycerin ersetzen. Letztere spenden zusätzlich Feuchtigkeit bei trockener juckender Kopfhaut.

Zubereitung & Anwendung:

- Die trockenen Zutaten in eine Schüssel geben und 100 ml Wasser/Auszug einrühren. Danach die restlichen 50 ml Flüssigkeit zugeben und klümpchenfrei verrühren.
- Nun kannst du dein Shampoo in die nassen Haare und die Kopfhaut einmassieren und anschließend mit einem warmen harten Wasserstrahl gut ausspülen. Dabei auch den Hinterkopf von allen Seiten gut durchspülen.
- Solltest du Natron verwendet haben, ist es besser, wenn du das Ganze kalt ausspülst, um die Haarschuppen zu glätten.
- Noch effektiver ist eine saure Spülung mit Zitronensaft oder Essig.
- Das Roggenmehlshampoo sollte komplett verbraucht werden, da es selbst im Kühlschrank innerhalb eines Tages zu gären beginnen würde. Bis das Ergebnis perfekt wird, solltest du etwas Geduld mitbringen, aber nach ca. 2 Wochen fühlen sich deine Haare super an.

Dieses Shampoo eignet sich sehr gut, um die Umstellung von einem herkömmlichen Shampoo zu deinem Naturkosmetikprodukt zu meistern, da es auch ohne die Verwendung von Tensiden etwas schäumt und im Gegensatz zu der Roggenmehlwaschpaste eher der Handhabung eines Shampoos ähnelt.

SHAMPOO

auf Seifenbasis

TIPP:
Statt Kastilienseife kannst du auch Kernseife oder eine Naturseife in heißem Wasser auflösen (ca. 10 g Seife in 120 g Wasser) und wieder abkühlen lassen bevor du es verwendest.

AUFWAND: gering
ZUBEREITUNGSZEIT: 5 min.
SCHWIERIGKEITSGRAD: leicht
UTENSILIEN: Schüssel, Mixer, lichtundurchlässiges Gefäß zur Aufbewahrung (z. B. alte Shampooflasche, gereinigt und desinfiziert)

Zutaten:

120 g Kastilienseife
2 g Olivenöl
120 g Aloe-vera-Gel
10 g Glycerin
1 g Squalan
optional: 15 Tropfen ätherisches Öl deiner Wahl

Zubereitung & Anwendung:

- Vermische zuerst das Aloe-vera-Gel und die Kastilienseife mit einem Mixer und gib anschließend unter weiterem Rühren das Olivenöl und das Glycerin dazu.
- Nun kannst du das fertige Shampoo auch schon in eine Flasche geben und im Kühlschrank aufbewahren.
- Verbrauche es innerhalb 2 Wochen und benutze immer eine walnussgroße Menge, die du in deine gesamte Haarlänge einknetest.
- Lasse das Shampoo ca. 2 Minuten einwirken, bevor du es mit lauwarmem Wasser ausspülst.

Wie der Name schon sagt, wird Seifenkraut in Verbindung mit Wasser, durch die enthaltenen Saponine, seifig und ist somit perfekt geeignet zur Haarwäsche. Entweder hast du Seifenkraut bei dir im Garten oder es ist getrocknet in der Apotheke und im Internet erhältlich. Am besten verwendet man die Wurzel, aber auch der oberirdische Teil der Pflanze enthält Saponine und ist somit geeignet.

NATUR-PUR-SHAMPOO

mit Seifenkraut

AUFWAND: gering

ZUBEREITUNGSZEIT: ca. 15 min. (plus Ziehzeit bis zu 8 Stunden)

SCHWIERIGKEITSGRAD: leicht

UTENSILIEN: Topf, Sieb, hohes Glas oder Schüssel, Mixer, Gefäß zur Aufbewahrung (z. B. alte Shampooflasche, gereinigt und desinfiziert), pH-Teststäbchen

Zutaten:

2 TL Seifenkraut/-wurzel, kleingeschnitten

200 ml Wasser oder Auszug deiner Wahl

2 g Xanthan/Guakernmehl

Zitronensäurelösung nach Bedarf

optional: 10–15 Tropfen ätherisches Öl deiner Wahl

optional: 0,4 g Rokonsal als Konservierer

Zubereitung:

- Zuerst stellst du einen Auszug aus dem Seifenkraut und dem Wasser her, gib beides dazu in den Topf und lass es einmal aufkochen. Du kannst auch das Seifenkraut mit kochendem Wasser aus dem Wasserkocher übergießen.
- Der Auszug sollte mindestens 1 Stunde, kann aber auch gerne bis zu 8 Stunden stehen gelassen werden, bevor du ihn absiebst.
- Mische das Xanthan in etwas Auszug zu einer klümpchenfreien Paste und gib es anschließend unter starkem Mixen zum restlichen Auszug. Mixe solange bis ein homogenes Gel entsteht.
- Finalisiere dein Shampoo mit ätherischem Öl nach Wahl und stelle den pH-Wert auf 5,0 mit Zitronensäurelösung oder Milchsäure ein.
- Ohne Konservierung hält das Shampoo im Kühlschrank etwa 2 Wochen, wenn du noch Rokonsal untermixt, hält das Ganze ca. 6–8 Wochen.

EINFÜHRUNG IN DIE WELT DER TENSIDE

Viele Tenside haben wahrlich kein gutes Image. Es hat sich jedoch einiges getan, sodass inzwischen umweltverträgliche, hautverträgliche Tenside ohne Palmöl auf dem Markt sind, die für Naturkosmetik zugelassen sind.

Um all die verschiedenen Produkteigenschaften von Shampoo und Duschgel zu realisieren, ist es von Vorteil, mehrere unterschiedliche Tenside zu mischen. Denn nicht alle Tenside haben die gleichen Eigenschaften und besonders in der Kombination miteinander entstehen Wechselwirkungen, die deine Formulierung perfekt machen. Damit du die geeigneten Tenside für deine Bedürfnisse findest, gebe ich dir einen Überblick über die verschiedenen Tensidklassen und deren Arbeitsweise. Lass dich dabei nicht von den stark unnatürlich klingenden Namen der Tenside verwirren, es handelt sich um natürliche Tenside, für die Naturkosmetik zugelassen, die meistens aus Kokosnüssen oder Rüben erzeugt werden.

Tenside sind, wie Emulgatoren, oberflächenaktive Substanzen, die zwischen Wasser und dem aus Hauttalg, Schweiß, Pflegerückständen, Make-up, usw. bestehenden Schmutz vermitteln, damit er entfernt werden kann. Die Tensidmoleküle verringern zum einen die Grenzflächenspannung des Wassers und können so in kleinste Zwischenräume zwischen Schmutzpartikeln und Hautoberfläche eindringen. Zum anderen lagern sie sich mit ihrem fettliebenden Teil an den Schmutzpartikel an und bilden um ihn herum eine sogenannte Mizelle, die durch den wasserliebenden Teil des Tensids im Wasser gelöst wird. Der auf diese Weise gelöste Schmutz kann dann abgespült werden.

Tensidklassen:

ANIONISCHE TENSIDE tragen eine negative Ladung in ihrem hydrophilen Teil. Sie haben eine sehr hohe Reinigungswirkung und viele bilden einen ausgeprägten Schaum. Allerdings reagieren sie in der Regel sensibel bei zunehmender Wasserhärte und verlieren ihre Reinigungskraft. Deshalb solltest du diese Tenside mit amphoteren Tensiden mischen, die dies wieder ausgleichen. Besonders hautverträglich sind Sodium Cocoyl Glutamate (Perlastan) und Sodium Cocoyl Isethionate (SCI). Ebenso für Naturkosmetik zugelassen sind Sodium Lauryl Sulfoacetate (SLSA) und Sodium Coco Sulfate (SCS).

NICHTIONISCHE TENSIDE haben keine elektrische Ladung und sind sehr gut hautverträglich. Sie sind auch gut verträglich mit anderen Tensiden und ergänzen deren Wirkungen. Bei der Haarwäsche ist hervorzuheben, dass es den Glanz der Haare optimiert, allerdings bei der Nasskämmbarkeit schwächelt. Sehr gute Vertreter dieser Kategorie für Naturkosmetik sind Kokosglucosid, Decyl Glucosid und Laurylglucosid.

AMPHOTERE TENSIDE sind zwittrig geladen, je nach pH-Wert, unter pH 5 sind sie positiv geladen, darüber negativ. Diese Tenside sind gut hautverträglich und sehr gut biologisch abbaubar. Sie erzielen die besten Ergebnisse in Kombination mit anderen Tensiden, da sie bei zu hoher Konzentration beschwerend wirken. In Verbindung mit anderen Tensiden jedoch wirken sie schaumfördernd, viskositätserhöhend und verstärken die Reinigungswirkung bei anionischen Tensiden in Wasser mit höherem Härtegrad. Die besten Vertreter dieser Tensidklasse sind Kokosbetain und Glycintensid.

KATIONISCHE TENSIDE sind positiv geladen. Diese Tenside sind teilweise stark hautreizend und biologisch sehr schlecht abbaubar, deshalb empfehle ich diese Tenside nicht zu verwenden.

Planung deiner Tensidmischung:

Die Eignung für bestimmte Haarzustände ergibt sich vorwiegend aus der Höhe der waschaktiven Substanzen (kurz WAS) und, in geringerem Maße, an amphoteren Ko-Tensiden. Die Angaben beziehen sich auf die reine Tensidmischung.

- 30–70 % nichtionische Basis-Tenside
- 30–70 % anionische Basis-Tenside (nichtionische und anionische Tenside zusammen bis 100 %)
- bis 10 % amphotere Ko-Tenside

Die Konzentration an waschaktiven Substanzen (WAS) für Duschgele und Shampoos sollte zwischen 10-15 % liegen. Das Schaumverhalten hat übrigens nur bedingt mit der Konzentration an WAS zu tun, dieses wird vor allem durch die Auswahl und Kombination der Tenside gesteuert.

- Shampoos für normales bis fettige Haar: 12–15 % WAS (Aktivsubstanz)
- Shampoos für trockenes, sprödes Haar: 10–12 % WAS (Aktivsubstanz)
- Gesichtsreinigungsemulsionen (je nach Hautzustand), Babypflege: 0,5–3 % WAS (Aktivsubstanz)
- Gesichtswaschgele (je nach Hautzustand): 3–7 % WAS (Aktivsubstanz)
- Duschgele: 15–18 % WAS (Aktivsubstanz)
- Badezusätze: 20–35 % WAS (Aktivsubstanz)

Berechnung der Tensidmischung (Standardmischung in den weiteren Rezepten):

Du möchtest 100 g Shampoo mit 12 % waschaktiven Substanzen auf das Gesamtprodukt entwickeln und eine Tensidmischung aus 20 % Perlastan, 50 % Kokosglucosid und 30 % Decyl Glucosid verwenden, dann rechnen wir Folgendes:

PERLASTAN hat eine WAS von 25 %:
100 (g Gesamtprodukt) x 12 (% WAS) geteilt durch 25 (% WAS) = 48 (g)

KOKOSGLUCOSID hat eine WAS von 52 %:
100 (g Gesamtprodukt) x 12 (% WAS) geteilt durch 52 (% WAS) = 23 (g)

DECYL GLUCOSID hat eine WAS von 53 %:
100 (g) x 12 (% WAS) geteilt durch 53 (% WAS) = 22,6 (g)

NUN MÜSSEN NOCH DIE ANTEILE BERECHNET WERDEN:

- 20 % von Perlastan = 0,2 x 48 g = 9,6 g
- 50 % von Kokosglucosid = 0,5 x 23 g = 11,5 g
- 30 % von Decyl Glucosid = 0,3 x 22,6 g = 6,8 g

Diese Mengen der jeweiligen Tenside benötigst du also, um 100 g Shampoo mit einer WAS von 12 % zu erhalten. Die restliche Phase von 72,1 g besteht dann aus Wasser, Aloe vera, Auszügen, Pflege und Wirkstoffen.

Wirk- und Pflegestoffe

Auch wenn deine ausgewählten Tenside sehr mild reinigen, lösen sie dennoch auch Fette aus der Haut- und Haaroberfläche. Deshalb setzt du Reinigungspräparaten am besten Lipide zu, welche sich als dünne Schicht auf den Haaren verteilen und ihre Kämmbarkeit verbessern. Allerdings binden sich Fette an die Tensidmoleküle und mindern in Folge die Waschkraft. Die Konzentration an WAS und Fette solltest du deshalb gezielt aufeinander abstimmen, wobei die Einsatzkonzentration der Fette vom Haut- bzw. Haarzustand abhängig ist und bis zu 3 % betragen kann. Bei stark geschädigtem, trockenem Haar ist teilweise auch ein etwas höherer Anteil möglich, bei schnell fettendem Ansatz und normalem Haar verwendest du einen geringeren Anteil von 0,5–1 %.

GLÄTTENDE PFLANZLICHE LIPIDE: Brokkolisamenöl, Krambeöl und Squalan

WASSERBINDENDE SUBSTANZEN: Lanolin und Avocadin

RÜCKFETTENDE und KONSISTENZGEBENDE STOFFE: Lysolecithin, Lamesoft und Dermofeel

KONDITIONIERENDE PRODUKTE: Seiden-, Weizen- und Milchprotein (0,5–1 %)

FEUCHTIGKEITSBINDENDE SUBSTANZEN: Glycerin und Natriumlaktat (1–5 %), Panthenol (0,5–1 %), Aloe vera (als Teil oder als ganze Wasserphase)

Spezielle Wirkstoffe: Für bestimmte Haut- und Haarzustände können unterschiedliche Pflanzenextrakte (z. B. Efeu, Rosmarin, Minze, Salbei, Lavendel, ...), Koffein oder ätherische Öle verwendet werden. Die Einsatzkonzentration liegt etwa bei bis zu 1 % der Gesamtmenge.

Hilfsstoffe:

Einige Tenside geben bereits Konsistenz, da dies jedoch meist nicht ausreicht, kannst du Xanthan, Guarkernmehl, Leinsamengel oder Lamesoft verwenden, um dein Shampoo auf die richtige Konsistenz zu finalisieren.

Konservierung:

Bei Reinigungsprodukten mit Tensiden ist eine Konservierung nicht im gleichen Maße nötig wie bei Emulsionen, da die enthaltenen Inhaltsstoffe bereits konservierend wirken. Geeignet sind jedoch z. B. 0,3 % Rokonsal. Je weniger WAS du verwendest, desto stärker muss das Produkt konserviert werden.

pH-Wert-Regulierung:

Viele Tenside sind mehr oder weniger stark basisch (> pH 7) und unsere Haut bevorzugt einen pH-Wert von ca. 5,5. Dies bedeutet, dass es alleine wegen der Hautverträglichkeit Sinn macht, dein Produkt im pH-Wert zu regulieren. Unabdingbar wird es sogar bei bestimmten Tensiden (Betain, Lamesoft), und auch Konservierungsmittel (Rokonsal) benötigen einen sauren Bereich, um wirken zu können. Die verschiedenen Wirkbereiche entnimmst du bitte den jeweiligen Herstellerangaben.

Ich verwende bevorzugt die pH-Indikatorstäbchen Macherey-Nagel pH-Fix 3.6–6.1.

Dieses milde flüssige Shampoo ist ein Basisrezept, dass sich ganz leicht abwandeln und auf deine Bedürfnisse anpassen lässt.

SHAMPOO

mild & flüssig

AUFWAND: mittel–hoch

ZUBEREITUNGSZEIT: 30 min.

SCHWIERIGKEITSGRAD: mittel

UTENSILIEN: 3–4 Gläser/Schüsseln, Löffel/Spatel, Mixer, pH-Messpapier, Behälter zur Aufbewahrung

Zutaten für 200 g:

TENSIDMISCHUNG GESAMT 55,8 G:

19,2 g Perlastan

23 g Kokosglucosid

13,6 g Decyl Glucosid

WASSERPHASE GESAMT 144,2 G:

2 g Squalan

1,5 g Brokkolisamenöl

1,7 g Glycerin

34 g Aloe-vera-Gel

100 g Birkenwasser oder Auszug deiner Wahl

4 g Xanthan

Zitronensäure oder Milchsäure nach Bedarf, um den pH-Wert auf etwa 5,0–5,3 einzustellen

20 Tropfen Rokonsal zum Konservieren

optional: 10–15 Tropfen ätherisches Öl deiner Wahl

1 g Weizenproteinpulver oder Haarguar

1 g D-Panthenol

1 g Koffeein (muss in einem Teil des Wassers bei ca. 55 °C aufgelöst werden und kann abgekühlt zur Wasserphase gegeben werden)

Zubereitung:

- **SCHRITT 1:** Zuerst mischst du die Tenside vorsichtig mit einem breiten Spatel oder Löffel, um eine starke Schaumbildung zu verhindern.

- **SCHRITT 2:** In einer kleinen Schüssel mischst du etwas Wasser/Auszug mit dem Xanthan solange, bis keine Klümpchen mehr da sind, zu einer Paste.

- **SCHRITT 3:** Nun kannst du die restliche Wasserphase in einem weiteren Glas abwiegen und mit dem Mixer schon einmal zu einer homogenen Masse verarbeiten, bevor du unter weiterem Mixen die Xanthanpaste hinzugibst. Es sollte ein homogenes Gel entstehen, dafür darfst du mit dem Mixer ruhig 3–4 Minuten Gas geben.

- **SCHRITT 4:** In das Gel kannst du nun die Tensidmischung vorsichtig unterheben. Achte darauf, so wenig Schaum wie möglich zu produzieren, sonst passt das Ganze nicht mehr in deine Shampooflasche. Lass es zwischen dem Rühren auch immer wieder 1–2 Minuten ruhen, damit sich der Schaum setzen kann. Hier ist etwas Geduld gefragt, es lohnt sich aber, da du so trotzdem am schnellsten zu einem homogenen Ergebnis kommst.

- **SCHRITT 5:** Zum Schluss misst du den pH-Wert des Shampoos (nicht den Schaum verwenden zum Messen) und stellst ihn auf etwa 5,0 pH ein. Gehe dabei behutsam mit der Dosierung deiner Zitronensäurelösung/Milchsäure vor und miss lieber immer wieder nach, bevor du mit einem Spatel einen weiteren Tropfen dazugibst.

TIPP: Zitronensäurelösung selbst mischen. Je mehr Zitronensäurepulver du mit destilliertem Wasser mischt, desto länger ist es haltbar und du brauchst wesentlich weniger, um den pH-Wert deiner Produkte einzustellen. Dabei kann es bei kleinen Produktmengen dazu kommen, dass bereits ein Tropfen zu viel ist. Ich empfehle dir deshalb, maximal eine 30 %-ige Lösung anzusetzen. Also beispielsweise 12 g Zitronensäure und 28 g destilliertes Wasser.

Personalisiere dein Shampoo:

Dieses Basisrezept muss nicht auf Anhieb deinen Erwartungen entsprechen, aber mit etwas Experimentierfreude kannst du es ganz leicht an deine Wünsche anpassen.

WAS KANNST DU TUN, WENN DEINE HAARE SICH NACH DER WÄSCHE …

- trocken anfühlen und/oder Schuppen bilden?

Teste nochmals den pH-Wert und stelle ihn gegebenenfalls auf 5,0 pH ein. Gib in das fertige Shampoo etwa 1g Brokkolisamenöl dazu und schüttle es langsam unter. Bringt dir dies bereits den gewünschten Effekt, ändere die Menge gleich in deinem Rezept ab. Falls nicht verwende beim nächsten Mal zusätzlich zu dem 1 g Brokkolisamenöl mehr auch 1 g mehr Rückfetter, wie beispielsweise Lysolecithin.

- fettig anfühlen?

Erhöhe den Tensidanteil in deinem fertigen Shampoo um 1 g und stelle den pH-Wert erneut ein. Er sollte bei 5,0 pH liegen.

Außerdem solltest du wirklich Brokkolisamenöl verwendet haben und keinen Ersatz.

Beim nächsten Mal verwendest du weniger Brokkolisamenöl und bleibst ansonsten beim Basisrezept.

- gut anfühlen aber du möchtest mehr Glanz oder sie sollten weicher/lockiger sein?

Erhöhe zunächst den Squalananteil im fertigen Shampoo um 1 g, schüttle es sanft unter und wenn sich das für dich besser anfühlt, verändere dein Rezept dementsprechend.

- matt und schwer anfühlen?

Falls du Haarguar statt Weizenproteinpulver benutzt hast, verwende beim nächsten Mal Weizenproteinpulver. Wenn du Weizenproteinpulver benutzt hast, lass es beim nächsten Mal weg oder halbiere die Menge.

- widerspenstig anfühlen und schlecht stylen lassen?

Erhöhe schrittweise Rückfetter und Squalananteil und achte auf den pH-Wert von 5. Es hilft auch wenn du das Mixen der Wasser-Wirkstoff-Phase verlängerst und falls möglich hochtouriger mixt.

TIPPS: Verzichte niemals auf Rückfetter/Lipide im Shampoo, denn es wird durch die Tenside immer etwas Fett ausgewaschen und das nimmt dir deine Kopfhaut bald übel.

Für trockenes und lockiges Haar sollte man von Anfang an etwas mehr Öl nehmen, aber erhöhe nicht gleich alle Wirkstoffe. Denn es macht keinen Sinn, von allen Angaben die höchste Dosierung zu verwenden, da sich sonst dein Haar matschig und stumpf anfühlt und nicht ordentlich sauber wird.

Weitere Wahlmöglichkeiten für deine persönlichen Bedürfnisse:

KOFFEEIN wirkt durchblutungsfördernd und dadurch werden die Haarwurzeln besser mit Nährstoffen versorgt.

HYDROLATE und AUSZÜGE von einer Vielzahl an Kräutern, Blumen und Blättern finden für die unterschiedlichsten Bedürfnisse Verwendung.

Hier nur einige Beispiele:

WELCHES KRAUT?	WOFÜR?	WIE?
Kamille	lindert Juckreiz, beruhigt gereizte Kopfhaut, verleiht goldigen Glanz	als Hydrolat/Auszug im Shampoo und zur Spülung nach der Haarwäsche
Rosmarin	fördert die Durchblutung, gegen fettiges Haar und Schuppen	besonders gut als ätherisches Öl oder auch als Hydrolat/Auszug im Shampoo/zur Spülung
Birkenblätter (bei blondem/blondiertem Haar verwende besser Birkensaft, da die Blätter färben können)	gegen Schuppen, für kräftige Haarwurzeln und neuen Haarwuchs, entzündungshemmend, reizlindernd	als Hydrolat/Auszug oder als Tinktur im Shampoo und zur Spülung
Ringelblume	bei sensibler Kopfhaut und Juckreiz	als Auszug im Shampoo
Katzenminze	lässt dein Haar glänzen und macht es gut kämmbar	als Hydrolat/Auszug im Shampoo oder zur Spülung nach der Haarwäsche
Klettenwurzel	besonders bei trockener, juckender Kopfhaut	als Hydrolat/Auszug im Shampoo
Salbei	gegen fettiges Haar	als Auszug/Hydrolat im Shampoo oder zur Spülung
Pfefferminze	gegen fettiges Haar, für Frische	als Hydrolat/Auszug im Shampoo oder zur Spülung
Basilikum	fördert den Haarwuchs	als ätherisches Öl oder Auszug in Shampoo oder Spülung
Schwarzer Tee (für dunkleres Haar)	macht schöne Farbreflexe	als Auszug in Shampoo oder Spülung
Walnuss (für dunkleres Haar) – Blätter für eine leichte Tönung oder die grüne Schale der unreifen Nuss für eine stärkere Tönung	macht schöne Farbreflexe	als Auszug im Shampoo oder als Spülung
Kaffee (für dunkleres Haar)	zaubert schöne dunkle Farbreflexe, fördert die Durchblutung der Kopfhaut	stark gebrühten Kaffee im Shampoo oder zur Spülung
Brennnessel	kräftigt und stärkt die Haarwurzel, somit gegen Haarausfall	als Auszug im Shampoo oder zur Spülung
Lavendel	beruhigt die Kopfhaut, lindert Juckreiz	als Auszug/Hydrolat im Shampoo oder als Spülung

SHAMPOO

fest

AUFWAND: mittel

ZUBEREITUNGSZEIT: 20 min. (plus Zeit zum Aushärten)

SCHWIERIGKEITSGRAD: leicht

UTENSILIEN: Wasserbad, 2 Gläser/Schüsseln, Löffel/Spatel, Silikonformen

Zutaten:

30 g SLSA (Sodium Lauryl Sulfoacetate) oder SCI (Sodium Cocoyl Isethionate)

Beides sind Tenside, die besonders mild und für Naturkosmetik zugelassen sind. SCI ist zudem palmölfrei und noch etwas milder als SLSA.

10 g Sheabutter oder Cupuacubutter

ca. 2 g Brokkolisamenöl

2 g Lysolecithin

3 g grüne Tonerde/Lava-Erde/Heilerde

5 g Hydrolat oder Auszug deiner Wahl

20 Tropfen ätherisches Öl deiner Wahl

optional: 2 g Squalan

TIPP: Brokkolisamenöl und Lysolecithin glätten deine Haare und wirken ebenso rückfettend wie Squalan. Da Haare genauso individuell sind wie die Haut, musst du hier etwas experimentieren und bei den Mengen variieren, um das Ergebnis perfekt auf deine Haarbedürfnisse einzustellen.
Bei den Pflanzenwässern und Hydrolaten kannst du ebenfalls variieren. Kamillentee wirkt ebenso beruhigend und regenerierend auf die Kopfhaut wie Lavendelhydrolat und hellt gleichzeitig deine Haare auf. Wenn du dunkleres Haar hast, verwende Schwarztee oder einen Birkenblättertee, denn beides setzt schöne Farbreflexe und stärkt das Haarwachstum. Gegen fettige Kopfhaut wirkt Rosmarin, Salbei und Pfefferminztee.

Zubereitung:

- Zunächst wiegst du die Pflanzenbutter, das Tensid und das Lysolecithin in ein Glas und erwärmst es im Wasserbad. Da das Tensid leicht staubt und beim Einatmen die Atemwege reizen kann, solltest du hierbei eine Atemmaske tragen. Während die Pflanzenbutter schmilzt, solltest du immer wieder umrühren.
- Nach und nach ergibt sich eine homogen festere Masse, welche du nun aus dem Wasserbad nehmen kannst.
- Anschließend gibst du die restlichen Zutaten dazu und vermischst alles gründlich.

- Zum Schluss kommt die Masse in die Silikonform und dabei darfst du alles ruhig etwas fester zusammendrücken, damit es später auch gut zusammenhält. Bevorzugt stellst du die Form nun in den Kühlschrank, es geht aber auch jeder andere trockene, kühlere Ort.
- Das feste Shampoo ist nach etwa 24 Stunden komplett ausgehärtet und bereit zur Verwendung. Diese gestaltet sich denkbar einfach: Fahre ein paar Mal mit dem festen Shampoo über deine nassen Haare, bis sich genug Schaum gebildet hat, und wasche dann deine Haare wie gewohnt. Durch die pflegenden Inhaltsstoffe lassen sich deine Haare nach dem Waschen wunderbar leicht kämmen und trotzdem sind sie nicht strähnig oder fettig.
- Achte darauf, dass das feste Shampoo nach der Benutzung gut abtrocknet, so hast du länger Freude daran.

Ein Trockenshampoo ist hervorragend geeignet, um deine Haare aufzufrischen und einen leicht fettenden Ansatz zu kaschieren, wenn du mal keine Zeit hast, dir die Haare zu waschen und zu trocknen. Das Pulver wird auf den Kopf und die Haarlängen aufgebracht, bindet Fett und Schmutz und wird anschließend wieder ausgebürstet.

TROCKENSHAMPOO

wenn es mal schnell gehen muss

Zutaten als Basis:
Mais- oder Kartoffelstärke
etwas Natron
ein ätherisches Öl deiner Wahl

Je nachdem welche Haarfarbe du hast, kannst du nun deinen individuellen Farbton mischen, indem du mehr oder weniger Zimt, Heilerde und oder Back-Kakao zugibst.

Ein Beispiel:
FÜR WEISSES/GRAUES HAAR:
1 EL Stärke
1 TL Natron
3 Tropfen ätherisches Öl deiner Wahl

FÜR BLONDES HAAR:
zusätzlich 1 TL Heilerde

FÜR HELLBRAUNES HAAR:
zusätzlich 1 EL Heilerde

FÜR RÖTLICHES HAAR:
zusätzlich 1 EL Zimt

FÜR DUNKLES HAAR:
zusätzlich 1–2 TL Kakao

TIPP:
Du kannst dein fertiges Pulver auch in einem Salzstreuer oder Ähnlichem aufbewahren und mit diesem auf den Haaren verteilen.

Zubereitung:
- Zuerst siebe alle Zutaten in eine Schüssel und gebe dann das ätherische Öl dazu. Dieses vermischt du gut mit dem Pulver, indem du immer wieder mit dem Löffel an der Schüsselwand entlangstreichst, sodass zum Schluss alles homogen ist und keine Klümpchen mehr vorhanden sind.
- Je nachdem welche Haarfarbe du hast, kannst du nun deinen individuellen Farbton mischen, indem du mehr oder weniger Zimt, Heilerde und oder Back-Kakao zugibst.
- Für weißes/graues Haar kannst du auch Babypuder verwenden, dies ist besonders praktisch, weil es schon in einer praktischen Dose mit Lochaufsatz ist.

- Hast du nun in etwa deinen Farbton gefunden, dann nimmst du am besten einen Pinsel, tauchst in dein Pulver und tupfst damit deinen Haaransatz und evtl. auch die Längen ab.
- Jetzt ca. 5–10 Minuten einwirken lassen und anschließend gründlich auskämmen. Dafür eignet sich ein sehr feiner Kamm oder eine Naturhaarbürste sehr gut.
- Führe diese Prozedur am besten durch, bevor du dich anziehst oder leg dir ein Handtuch über die Schultern, um zu vermeiden, dass deine Kleidung bestäubt und fleckig wird.
- Sollten sich noch Rückstände des Pulvers im Haar befinden, kannst du diese mit einem feuchten Lappen wegwischen. Vergiss auch nicht den Kamm bzw. die Bürste unter lauwarmem Wasser abzuwaschen.

HAARSPÜLUNG

Eine Spülung nach der Haarwäsche spült Reinigungsmittelrückstände und Kalk ab. Dies lässt deine Haare gesund und kräftig aussehen und verleiht einen schönen Glanz. Durch saure Komponenten wie Essig oder Zitronensaft ziehen sich die Haarschuppen zusammen und das Haar wird glatter.

BIERSPÜLUNG

Die Bierspülung ist wohl eine der einfachsten und dennoch wirkungsvollsten Spülungen. Sie ist am besten für kurzes bis mittellanges Haar geeignet und ersetzt oft den Haarfestiger.

Zutaten:

1 Flasche Weizenbier für blondes Haar

oder 1 Flasche Dunkelbier für dunkles Haar

Massiere einen Teil des Bieres in die Kopfhaut und die Längen der Haare, den Rest kannst du trinken oder für eine Gesichtsmaske verwenden. Du kannst die Spülung im Haar lassen und wie gewohnt frisieren oder nach 3–5 Minuten ausspülen.

KRÄUTERSPÜLUNG

Basis

Dies ist eigentlich nur noch einmal eine Beschreibung wie du einen Auszug machst und bildet die Basis für weitere Spülungen. Du kannst sie aber auch pur benutzen und im Haar belassen, um Farbreflexe zu setzen, wie bei Kamillentee. Sieh dir dazu das Kapitel „Natürlich Tönen“ an.

Zutaten:

1–2 TL getrocknete Kräuter/Blätter/Blüten deiner Wahl (Rosmarin, Salbei, Minze, Lavendel, Birkenblätter, Kamille, Ringelblume, ...). Sieh dir dazu die Tabelle im Kapitel „Shampoo“ an.

1 Tasse Wasser

Zubereitung:

Übergieße deine Kräuter nach Wahl mit kochendem Wasser und lass es abkühlen, bevor du deinen Auszug absiebst und verwendest.

HONIGSPÜLUNG

festigend

Diese Spülung kann mit einfachsten Zutaten hergestellt werden und hat dabei eine verblüffende Wirkung.

Zutaten:

(für mittellanges Haar, bei kurzem Haar einfach etwas weniger Honig und Wasser benutzen)

1 TL Honig

250 ml warmes Wasser oder Auszug deiner Wahl

1 Spritzer Obstessig oder Zitronensaft

optional: 1 TL Aloe vera

Zubereitung & Anwendung:
Der Honig wird im warmen Wasser aufgelöst und sobald er vollkommen aufgelöst ist, gibst du den Spritzer Zitronensaft/Obstessig hinzu. Nun kannst du deine Honigspülung in die Kopfhaut und die Haare einmassieren. Es verleiht deinem Haar einen herrlichen Glanz, gute Griffigkeit und Fülle. Durch den Essig ist es gut kämmbar. Nach der Honigbehandlung lässt sich dein Haar leicht frisieren und hat einen guten Halt.

APFELESSIG-SPÜLUNG

natürlicher Hitzeschutz

Diese Spülung verleiht einen seidigen Glanz, mindert die Talgproduktion und macht die Haare leichter kämmbar.

Zutaten:

4 EL Apfelessig

250 ml Wasser oder Auszug deiner Wahl

Einfach nach der Haarwäsche über Kopfhaut und Haar gießen und etwas einkneten. Die Spülung muss nicht ausgewaschen werden und keine Sorge: Der intensive Essiggeruch verfliegt, spätestens wenn die Haare trocken sind. Wenn es schnell gehen muss, kannst du auch nur etwas Apfelessig pur in die Handfläche geben und in die Haarspitzen einkneten. Die Haarstruktur zieht sich durch die Säure zusammen und deine Haare sind dadurch auch etwas vor Hitze geschützt, falls du sie anschließend föhnst.

AVOCADOKERN-SPÜLUNG

Avocado kommt dir in deiner Ernährung mit vielen positiven Inhaltsstoffen bereits zugute und mit diesem Rezept kannst du auch noch die enthaltenen Fettsäuren und reichlich Vitamin E des Avocadokerns für eine Spülung nutzen.

UTENSILIEN: feine Reibe, Topf, 1 Schraubglas zur Aufbewahrung, feines Sieb oder altes Tuch

Zutaten:

1 Avocadokern

500 ml Wasser

Zubereitung:
Wasche den Avocadokern ab und trockne ihn gegebenenfalls einen Tag lang, damit du die Schale besser abbekommst. Entferne nun die Schale und reibe den Kern fein mit einer Raspel oder einem dafür geeigneten Mixer. Gib anschließend die feinen Raspel und das Wasser in einen Topf und lass es zugedeckt für ca. 30 Minuten köcheln, dabei entsteht ein nussig-harziger Geruch. Zum Schluss gießt du den Sud über ein feines Sieb oder Tuch in ein Schraubglas und fertig ist deine nährende Spülung. Im Kühlschrank ist der Sud ein paar Tage haltbar, am besten frierst du 1–2 Portionen ein. Zur Anwendung verteilst du einfach ca. 150 ml auf deinem Kopf und die Haarlängen und massierst es etwas ein. Die Spülung sollte 2–5 Minuten einwirken, bevor du sie mit lauwarmem Wasser wieder ausspülst. Beachte, dass es bei hellem Haar zu Verfärbungen kommen kann, wenn du es länger einwirken lässt.

WAS TUN BEI SCHUPPEN?

Es gibt zwei Arten von Schuppen, trockene und fettige. Bei Juckreiz ist meist trockene Kopfhaut durch die falsche Pflege, zu viel Sonne oder Heizungsluft die Ursache. Fettige Schuppen entstehen bei einer durch Pilze oder Hormonstörungen verursachten oder genetisch bedingten Überproduktion von Talg.

HAARWASSER MIT BRENNNESSEL

Beide Arten von Schuppen kannst du mit diesem Haarwasser behandeln. Eine Handvoll frisch gehackte Brennnesselblätter mit 500 ml heißem Wasser überbrühen. 10 Minuten ziehen lassen, abseihen und abkühlen lassen. Regelmäßig in den Haarboden einmassieren und nicht auswaschen.

HUFLATTICH

Wegen seiner reizmildernden und entzündungshemmenden Inhaltsstoffe ist der Huflattich bei juckender Kopfhaut und trockenen Schuppen hilfreich. Für eine Spülung mit Huflattichtee 1 EL getrocknete Blüten mit 250 ml heißem Wasser überbrühen und nach 5 Minuten Ziehzeit abseihen. Abkühlen lassen und den Tee mit den Fingerspitzen in die Kopfhaut einmassieren. Anschließend die Haare an der Luft trocknen lassen.

ZITRONE UND INGWER

Die Säure der Zitrone wirkt bei fettigen Schuppen wie ein natürliches Peeling und tötet Pilze ab, die eventuell für die Schuppenbildung verantwortlich sind. Ingwer fördert zusätzlich die Durchblutung und wirkt reizlindernd. Die Anwendung ist denkbar einfach: Eine halbe Zitrone auspressen, 1:2 mit Wasser mischen und mit 1 TL frisch geriebenem Ingwer pürieren. Anschließend die Haare und Kopfhaut damit waschen und dann mit warmem Wasser ausspülen. Für trockene Kopfhaut ist das Säurepeeling allerdings zu aggressiv.

HAARKUREN

Haarkuren kommen immer dann zum Einsatz, wenn deine Haare geschädigt, spröde und trocken sind. Dies kommt teilweise auf Grund von äußeren Faktoren wie

- übermäßige Sonneneinstrahlung,
- Chlor-/Salzwasser,
- übermäßiges Haarewaschen,
- Silikone in Stylingprodukten und Shampoos,
- übermäßiges Hitzestyling durch Fön, Lockenstab oder Glätteisen,
- übermäßiges Färben.

Allerdings kann es auch erblich bedingt sein, dass deine Kopfhaut zu wenig natürliches Sebum bildet, welches deine Haare vor dem Austrocknen schützt. Solltest du jedoch nicht zu denjenigen gehören und auch bei den äußeren Einflüssen aufpassen, aber deine Haare sind trotzdem trocken, dann liegt es an der Porosität deiner Haare. Porosität ist die Fähigkeit, Feuchtigkeit aufzunehmen und zu speichern. Entweder haben deine Haare eine hohe Porosität, dann können sie Feuchtigkeit leicht aufnehmen, aber geben sie auch schnell wieder ab. Anders ist es bei einer niedrigen Porosität, in diesem Fall nehmen sie Feuchtigkeit nicht leicht auf, wenn dann speichern sie sie aber lange. In beiden Fällen ist es ratsam, deine Haarkur länger und mit Hilfe von einem warmen Handtuch tiefer einwirken zu lassen und je nachdem die Abstände der Anwendung zu verkürzen oder verlängern.

TIPPS BEI FETTIGEM HAAR:

Wenn du fettiges Haar hast, macht eine Kur wenig Sinn, da sie deine Haare nur zusätzlich beschweren würde. In diesem Fall ist weniger Pflege besser bzw. sollte es die richtige Pflege sein (siehe Apfelessigspülung).

Fettiges Haar vermittelt den Eindruck von Ungepflegtheit, dabei ist meist das Gegenteil der Fall. Du solltest definitiv weniger waschen und wenn dann mit einem sehr milden natürlichen Shampoo. Den besten Effekt erzielst du, wenn du dein Haar nur noch zweimal pro Woche wäschst. Ja ich weiß, das ist gerade am Anfang sehr schwer, da sich eine Verbesserung auch erst nach etwa 2 Wochen einstellt. Etwas überbrücken kannst du die Zeit mit einem Trockenshampoo. Benutze dazu jedoch eines ohne Natron, da dies den natürlichen pH-Wert deiner Kopfhaut stört, und verteile es hauptsächlich nur in den Haarlängen. Zudem solltest du bei der Haarwäsche auf heißes Wasser verzichten, am besten ist kaltes bis lauwarmes Wasser.

Außerdem solltest du es vermeiden, eine Kopfbedeckung zu lange zu tragen, denn deine Kopfhaut braucht Luft.

Auch häufiges Kämmen und die falsche Bürste irritieren deine Kopfhaut und die Talgproduktion wird angekurbelt. Verwende eine Bürste mit Naturborsten und meide harte Zinken aus Plastik oder Draht. Am hilfreichsten ist es, wenn du nur die Längen bürstest und die Kopfhaut nach Möglichkeit gar nicht berührst. Dies hat zudem den Effekt, dass du Talg vom Ansatz in die Spitzen verteilst und diese damit sogar gepflegt werden.

Wenn deine Haare geschädigt und strohig sind, solltest du sie nur mit einem sehr milden Shampoo waschen, anschließend eine nährende Spülung verwenden und 2–4 mal im Monat diese Kur.

BANANEN-AVOCADO-KUR

für kaputtes Haar

AUFWAND: leicht
ZUBEREITUNGSZEIT: 5 min.
SCHWIERIGKEITSGRAD: leicht
UTENSILIEN: Schüssel, Mixer oder Gabel

Zutaten:

½ reife Banane

1 Ei

½ Avocado

etwas Zitronensaft

optional bei sehr trockenem Haar:
1 EL Joghurt oder Aloe-vera-Gel

Zubereitung:

- Mixe die Banane, Avocado und das Ei gut miteinander und gib dann soviel Zitronensaft hinzu bis dir die Konsistenz zusagt. Verteile anschließend die Masse auf der Kopfhaut und mit einem Kamm in die Längen. Am besten wickelst du nun dein Haar in eine Duschhaube und darüber zusätzlich ein warmes Handtuch. Das erhöht die Wirkung, da Wärme die Nährstoffe besser einziehen lässt. Die Kur darf ruhig bis zu 30 Minuten einwirken, bevor du sie mit einem milden Shampoo auswäschst. Beachte: Diese Kur ist wirklich sehr nährstoffreich und du solltest sie nicht zu oft verwenden. Spätestens wenn sich deine Haare nach der Anwendung schwer und matt anfühlen, dann solltest du mehr Abstand einhalten oder du versuchst eine der etwas leichteren Kuren.

TIPPS FÜR STRAPAZIERTES HAAR: Verwende ein sehr mildes, eventuell sogar nährendes Shampoo (z. B. Roggenmehl-Shampoo mit einem Sud aus Avocadokern). Meide starke Hitzeeinwirkungen und lasse dein Haar nach Möglichkeit so oft wie möglich lufttrocken. Auch starke mechanische Beanspruchungen in Verbindung mit Hitze, wie durch Glätteisen und Lockenstab, solltest du vermeiden. Überall wo dein Haar mit etwas in Berührung kommt (Kopfbedeckung, Kleidung, Schals und Tücher, …) entsteht Reibung und dies führt auf Dauer zur Schädigung der Haarstruktur.

Gelatine enthält für die Haarstruktur wichtige Proteine und spendet Feuchtigkeit. Du kannst mit dieser einfachen Kur deine Haare nicht nur kräftigen und mit Feuchtigkeit versorgen, sie erhalten auch einen geschmeidigen Glanz.

GELATINE-KUR

Zutaten:

3–4 g Gelatinepulver

60 ml Wasser

4 Tropfen Zitronensaft/Essig

Messerspitze Xanthan

optional bei sehr trockenem Haar: 10 ml Glycerin

Zubereitung:

- Mische das Gelatinepulver und das Xanthan klümpchenfrei mit dem Wasser und gib anschließend den Zitronensaft bzw. den Essig dazu. Lass die Mischung einige Minuten quellen, bevor du sie in deinen Haaren und auf der Kopfhaut verteilst. Nach einer Einwirkzeit von 5–10 Minuten bei nur leicht geschädigtem Haar und etwa 30 Minuten bei stark geschädigtem Haar kannst du die Kur mit lauwarmem Wasser gründlich ausspülen. Solltest du dich für die längere Einwirkzeit entscheiden, verstärkt es die Wirkung noch, wenn du deine Haarpracht mit einer Duschhaube und einem vorgewärmten Handtuch darüber einpackst.

Reiswasser enthält viele Vitamine und Nährstoffe, die dein Haar stärken, das Wachstum stimulieren und den Haarschaft von innen reparieren.

REISWASSER

zur Kräftigung und für starkes Haarwachstum

UTENSILIEN: 1 großes Trinkglas, Sieb, großes Einmachglas, Topf

Zutaten:

1 großes Trinkglas weißer Reis

3 große Trinkgläser Wasser

optional: Grapefruit und/oder 15 Tropfen ätherisches Öl deiner Wahl

Zubereitung:

- Zuerst solltest du den Reis waschen, gib ihn dazu in das Sieb und rühre ihn unter laufendem Wasser etwas durch und lass ihn dann abtropfen. Nun kannst du den feuchten Reis in das Einmachglas geben und füllst dieses mit 3 großen Trinkgläsern voll Wasser auf.
- Rühre nun für mindestens 5 Minuten mit der Hand darin um und drücke den Reis auch etwas zusammen, um möglichst viele Nährstoffe zu lösen. Anschließend gibst du das Wasser über das Sieb in einen Topf und drückst dabei den Reis nochmal an das Sieb, um das restliche Wasser auch raus zu bekommen.
- Den Reis kannst du nun zum Kochen verwenden, denn er wird nicht mehr benötigt.
- Falls du eine Grapefruit zur Hand hast, schneidest du die Schale ab und gibst diese mit in den Topf. Die Schale dient dazu, dass dein Reiswasser später besser riecht, du kannst aber auch zum Schluss etwas ätherisches Öl hinzugeben.
- Lasse nun dein Reiswasser für etwa 10 Minuten köcheln und fülle es dann wieder in dein Einmachglas und verschließe dieses. Jetzt muss dein Reiswasser fermentieren. Das bedeutet, es bleibt mindestens 5 Tage und bis maximal 4 Wochen stehen, bevor du es benutzt. Bei dem Fermentierungsprozess setzen sich Aminosäuren und der Wirkstoff Pitera frei. Dieser ist in Asien bekannt für schnelles Haarwachstum.

Anwendung:

- Bevor du dein Reiswasser benutzt, siebe die Grapefruitschalen ab und gib das Ganze am besten in eine breite Schüssel, in die dein Kopf passt.
- Nun beugst du dich über die Schüssel und schüttest mit einem Becher immer wieder Reiswasser über deine Haare und Kopfhaut.
- Wenn alles gut getränkt ist, massiere das Reiswasser sowohl in Kopfhaut als auch in die Längen ein. Diesen Vorgang kannst du nun beliebig oft wiederholen.

- Zum Schluss drückst du deine Haare sanft aus und wickelst sie in ein Handtuch oder altes T-Shirt (die Baumwollstruktur ist gut für die Haare).
- Lass das Reiswasser 30 Minuten einwirken, bevor du es mit einem milden Shampoo auswäschst. Verwende diese Kur 1–2 mal im Monat und falls sich deine Haare danach schlapp anfühlen, verlängere den Abstand.

Mit diesem Styling-Gel lassen sich deine Locken in eine wahre Pracht verwandeln und auch glattes und kurzes Haar lässt sich super stylen. Zudem wirkt das Gel feuchtigkeitsspendend, durch die Leinsamen. Du brauchst dazu nur 2 Zutaten und auch die Herstellung ist wahrlich einfach.

HAARGEL

für ein starkes Styling

AUFWAND: gering
ZUBEREITUNGSZEIT: 30 min.
SCHWIERIGKEITSGRAD: leicht
UTENSILIEN: Topf, Sieb, Löffel, Gefäß zur Aufbewahrung

Zutaten:

50 g Leinsamen ganz
200 g Wasser oder Auszug deiner Wahl

Zubereitung:

- Erhitze die Leinsamen und das Wasser in einem Topf und lass es leise dahin köcheln. Je länger das Ganze köchelt, umso dickflüssiger wird das Gel.
- Wenn das Gel etwa die Konsistenz von Eiklar hat, siebst du die Leinsamen aus dem Gel und lässt es abkühlen.
- Nach dem Abkühlen wird es normalerweise noch etwas fester und du kannst es ganz gut im handtuchnassen Haar verteilen. Knete deine Locken von unten nach oben kräftig zusammen und föhne sie entweder mit einem Diffuser oder lass sie lufttrocknen.
- Sie sehen im trockenen Zustand immer noch leicht nass aus und fühlen sich auch sehr hart an. Wenn du diesen Zustand nicht magst, knete deine Haare einfach leicht durch, bis sie sich für dich gut anfühlen.

- Die abgesiebten Leinsamen kannst du im Kühlschrank, in einem geschlossenen Glas, einige Tage aufbewahren und noch mindestens zweimal zum Aufkochen verwenden.
- Das fertige Gel solltest du auch im Kühlschrank aufbewahren und innerhalb weniger Tag verbrauchen.
- Willst du eine größere Menge auf Vorrat haltbar machen, stellst du den pH-Wert auf 5,0 ein und gibst 0,4 % der Gelmasse Rokonsal dazu. Hygienisches Arbeiten ist jedoch in beiden Fällen unabdingbar.

BIER-HAARSPRAY

Zutaten:

250 ml alkoholfreies Bier

1 TL Honig

1 TL Kräuteressig

Zubereitung:

- Erwärme das Bier in einem Topf oder der Mikrowelle (nicht kochen lassen) und löse den Honig darin auf. Gib anschließend den Essig dazu und vermische alles gründlich.
- Nun kannst du dein Haarspray in eine desinfizierte Sprühflasche abfüllen und abkühlen lassen, bevor du dein Haar nach dem Styling damit besprühst.
- Anschließend nicht mehr kämmen, um den schützenden Film zu erhalten.
- Bewahre dein Haarspray im Kühlschrank auf und verwende es innerhalb weniger Tage.

HAARE NATÜRLICH TÖNEN

Es gibt zwei Möglichkeiten, um an deiner Haarfarbe etwas zu verändern. Du kannst deine Haarfarbe aufhellen, was bedeutet, dass du deiner Haarstruktur Farbe entziehst, oder du kannst der Haarstruktur Farbe zufügen. Das Entziehen von Farbe ist für dein Haar grundsätzlich schädlicher als das Zufügen von Farbe, vor allem bei konventionellen Methoden. Um einiges weniger schädlich sind dagegen diese natürlichen Methoden, die auch sehr schöne Farbreflexe zaubern und teilweise erstaunliche Ergebnisse liefern. Vorsichtig solltest du allerdings sein, wenn dein Haar blondiert ist, denn da kann nicht garantiert werden, dass es nicht zu unerwünschten Farbergebnissen kommt. Grundsätzlich empfehle ich dir, jede neue Methode erst einmal an einer unauffälligen Haarsträhne zu testen.

Aufhellen:

Diese 5 Mittel sorgen für eine Aufhellung von bereits blondem Haar und schöne goldene Reflexe von dunklerem Haar.

HONIG enthält ein Enzym namens Glucose-Oxidase, welches vermischt mit Wasser tatsächlich Spuren von Wasserstoffperoxid erzeugt. Wichtig beim Auftragen ist, dass dein Haar nass und gut durchgekämmt ist, damit keine Flecken entstehen.

Vermische 4 EL Honig mit 1 EL Wasser und trage die Mischung gleichmäßig auf dein Haar auf. Nun solltest du deine Haare mit einer Duschhaube abdecken und den Honig mindestens 2 Stunden oder über Nacht einwirken lassen. Je länger du es einwirken lässt, desto intensiver wird dein Ergebnis. Aber keine Angst, es handelt sich um eine sehr schonende Tönung, mit gleichzeitiger Pflege, die nur eine leichte Aufhellung hervorruft. Vor allem eine mehrfache Anwendung bringt erst ein helleres Ergebnis.

Nach der Einwirkzeit spülst du dein Haar lauwarm ab und wäschst es anschließend wie gewohnt mit deinem Shampoo.

RHABARBERWURZEL hellt bereits helles Haar noch um 1–2 Nuancen auf. Achtung: Bei blondiertem Haar kann jedoch ein Grünstich entstehen. Wenn du Rhabarberwurzel aus dem eigenen Garten oder geschnitten zur Verfügung hast, achte darauf, dass du die Utensilien (Mixer, Mörser, Mühle) zum Pulverisieren nach der Benutzung ordentlich reinigst, da Rhabarber abführend wirkt. Vermische je nach Haarlänge 1–3 EL pulverisierte Rhabarberwurzeln mit 1–3 EL warmem Wasser und knete die Mischung gleichmäßig in deine Haare ein. Am besten verpackst du deine Haare in einer Duschhaube oder mit Folie und wickelst anschließend noch ein Handtuch darum. So eingepackt lässt du die Tönung für eine halbe Stunde einwirken, bevor du deine Haare gründlich mit Shampoo wäschst.

NATRON entzieht deinem Haar Farbpigmente und ist auch bei dunklem Haar gut geeignet. Vermische dazu ca. 150 ml warmes Wasser mit 1 EL Natron und verteile die Mischung gleichmäßig in deinem Haar. Lasse es 2–5 Minuten einwirken und spüle danach alles gründlich aus. Im Anschluss empfehle ich dir eine saure Spülung mit Apfelessig oder Zitronensaft, um den pH-Wert zu neutralisieren. Die Anwendung solltest du über einen längeren Zeitraum wiederholen, bis das gewünschte Ergebnis erzielt ist. Denke dann aber auch an eine gute Pflegekur zwischendurch.

KAMILLE sorgt für schöne goldene Farbreflexe und ist am einfachsten anzuwenden. Dazu kannst du einen starken Tee (2 Teebeutel auf 1 Tasse heißes Wasser) verwenden. Die besten Ergebnisse erzielst du dabei mit römischer Kamille, allerdings ist diese auch relativ teuer und eine günstigere Alternative dazu ist gekauftes Kamillenextrakt. Gib den Tee nach der Haarwäsche in dein Haar und spüle es nicht aus. Das Ergebnis kannst du noch verstärken, wenn du deine Haare an der Sonne trocknen lässt oder das Extrakt/den Tee in eine Sprühflasche gibst und dein Haar immer wieder einsprühst, während du dich draußen in der Sonne aufhältst. Ein zusätzlicher Effekt ist, dass Kamille deine Kopfhaut beruhigt und Juckreiz lindert.

ZITRONENSAFT entzieht deinem Haar Farbpigmente und erzielt ebenfalls wie Kamille die besten Ergebnisse in Kombination mit Sonnenschein. Verwende eine Mischung aus dem Saft 1 Zitrone mit 150 ml warmem Wasser bzw. 150 ml Kamillentee. Verfahre wie bei der Kamille und wasche die Spülung nicht aus. Zitronensaft hilft zusätzlich bei fettiger Kopfhaut und glättet die Haarstruktur.

Farbe zufügen:

Vom leichten Schimmer bis zum kräftigen Farbton: Wie gut deine Haare Farbe aufnehmen hängt von der Ausgangshaarfarbe, der Porosität deiner Haare und der Einwirkzeit ab. Je dunkler deine Haare sind und je kürzer du deine Tönung einwirken lässt, umso schwächer wird dein Tönungsergebnis sein. Beachte, dass Kleidung und Badteppiche die Farbe auch aufnehmen. Lege dir am besten Küchenkrepp über die Schultern oder zieh dir ein altes oder schwarzes T-Shirt an, welches Farbe abbekommen darf, und verwende Handschuhe zum Auftragen.

Diese 3 Hausmittel sorgen für einen leicht rose-orange-roten Schimmer und die Farbe hält bis zu 4 Haarwäschen, wird aber pro Wäsche immer schwächer.

HAGEBUTTENPULVER → hellrot

KAROTTENSAFT → orange/Kupferton

ROTE BETE gekocht und püriert, Rote-Bete-Pulver oder Rote-Bete-Saft → roserot

Du kannst nun die 3 Mittel nach Belieben auf den gewünschten Farbton mischen, sodass eine nicht zu flüssige Paste entsteht oder auch nur eines davon verwenden und gleichmäßig in deinem Haar verteilen. Anschließend wickelst du deine Haare unter einer Duschhaube zusammen und schlägst am besten noch ein warmes Handtuch wie einen Turban um deinen Kopf. Die Einwirkzeit sollte mindestens 40 Minuten betragen und kann auf 1 Stunde ausgedehnt werden. Bei dunklem Haar wirst du mit diesen Mitteln jedoch wahrscheinlich keinen Erfolg haben.

Diese 5 Hausmittel sorgen für hellbraune bis dunkelbraune Farbreflexe und können bei jeder Ausgangshaarfarbe und zur Grauhaarabdeckung verwendet werden.

SCHWARZER TEE mit Salbei und Rosmarin: Mach einen kräftigen Tee aus 1 Beutel Schwarztee, 1 Beutel Salbeitee und 1 TL Rosmarin mit einer Tasse heißem Wasser. Den abgekühlten Tee ins Haar massieren, abdecken, warm einwickeln und mindestens 40 Minuten einwirken lassen. Hellere und graue Haare erhalten einen schönen Braunton und dunklere Haare einen schönen Braunschimmer.

WALNUSSBLÄTTER mit etwas heißem Wasser püriert ergibt eine Tönungspaste für einen hellbraunen Farbton, die warm eingewickelt mindestens 40 Minuten einwirken sollte, bevor du deine Haare wäschst.

RINDE DER SCHWARZERLE (pulverisiert) mit warmem Wasser vermischt ergibt eine Paste für einen hellen Braunton und wird genauso wie Walnussblätterpaste verwendet.

KAFFEE fein gemahlen und mit 70 °C heißem Wasser zu einer Paste gemischt, verleiht, nach dem Abkühlen, einen dunklen Braunton. Die Paste wird ebenso verwendet wie im 2. Punkt.

GRÜNE SCHALE der unreifen WALNUSS püriert ergibt einen kräftig dunkelbraunen Farbton. Die Paste verwendest du genauso wie in den vorherigen Punkten bereits beschrieben.

Die Tönungen werden bei mehrmaliger Anwendung intensiver und halten je nach Ausgangsfarbton mehrere Haarwäschen lang, werden dabei jedoch schwächer.

Einen kräftigeren, länger anhaltenden Farbton erhältst du mit Henna-Pulver. Das gibt es in den verschiedensten Rot-/Braun- bis Dunkelbrauntönen zum Beispiel im Internet oder Bioladen und du befolgst zur Anwendung am besten die Herstellerhinweise.

KAPITEL 6

ZÄHNE

ALLES RUND UM ZÄHNE UND MUNDRAUM

Gerade bei den Zähnen ist Gesundheit gleich Schönheit, denn wenn deine Zähne gesund sind, können sie strahlen, und wer möchte nicht mit einem strahlenden Lächeln bezaubern. Das Wichtigste neben der Regelmäßigkeit ist die richtige Pflege. Benutze weiche Zahnbürsten, denn diese entfernen Plaque genauso gut und schonen die Zahnhälse. Verwende Zahnseide für die Zahnzwischenräume. Für die restlichen Utensilien wie Zahnpasta, Mundspülung und so weiter stelle ich dir in diesem Kapitel ein paar Rezepte zusammen, mit denen du dir aus natürlichen Zutaten deine ganz eigene Zahnpflege selbst machen kannst.

ÖLZIEHEN ZUM START

Das Ölziehen ist eine der effektivsten Methoden zu entgiften. Gerade in der Regenerationsphase der Nacht werden die ganzen Giftstoffe und unerwünschten Produkte im Körper abgebaut und lagern sich zum Teil im Mundraum ab. Um diese unerwünschten Abfallprodukte aus dem Mund zu bekommen nimmst du 1 TL pflanzliches Öl in den Mund und bewegst es im Mundraum hin und her, ziehst es durch die Zähne und spülst dir damit einige Minuten den Mund aus. Es werden Bakterien und Giftstoffe gebunden, die sich im Mund und in den Zahnzwischenräumen ansiedeln. Du solltest darauf achten, das Öl nicht zu verschlucken. Nach der Anwendung empfehle ich, den Mund mehrere Male mit Wasser auszuspülen. Am besten spuckst du das Öl in den Biomüll, um Ablagerungen und Verstopfungen in deinem Waschbecken-/Toilettenabfluss zu vermeiden.

Zum Ölziehen kannst du alle Sorten von Pflanzenölen benutzen. In der indischen Heilkunst kommt hauptsächlich Sesamöl zum Einsatz. Hierzulande erfreut sich Kokosöl nicht nur aufgrund des milden Geschmacks großer Beliebtheit. Durch die enthaltene Laurinsäure werden bakterielle und virale Krankheitserreger bekämpft, Karies wird vorgebeugt. Eine sehr gute Wirkung sagt man auch Leinöl nach, dieses hat jedoch einen starken Eigengeschmack. Apropos Geschmack: Nelkenöl riecht nicht nur angenehm, sondern ist auch sehr gut fürs Zahnfleisch. Das Nelkenmazerat kannst du dir aus 300 ml Öl und 15 Nelken ganz einfach selbst herstellen. Mische ein Pflanzenöl deiner Wahl und die Nelken in einem Schraubglas. Es sollte möglichst randvoll sein, um Lufteinschluss zu vermeiden. Nun lass es mindestens 2 Wochen, gerne bis zu 4 Wochen, an einem warmen Ort (nicht in der Sonne) stehen und schwenke es immer wieder. Danach kannst du dein Öl über ein Sieb abfüllen und fortan zum Ölziehen benutzen. Dies sollte übrigens morgens das Erste sein, was du nach dem Aufstehen tust.

ZÄHNEPUTZEN

Regelmäßiges Zähneputzen ist wichtig für eine gesunde Mundhygiene, doch selten hinterfragt man Zutaten wie Fluor und Mikropartikel in konventionellen Zahncremes. Fluorid schützt vor Karies und lagert sich im Zahnschmelz an, ist jedoch in hohen Dosierungen giftig. Dies wird bei einem normalen Gebrauch von Zahnpasta normalerweise nicht erreicht und es gibt auch spezielle Zahnpasta für Kinder. Da es aber gute Alternativen gibt, werde ich in den Rezepten darauf verzichten. Mikropartikel werden von der Industrie eingesetzt, um Ablagerungen zu entfernen, haben aber meiner Meinung nach in einer Zahnpasta nichts zu suchen. Deshalb stelle ich dir hier einige simple Zutaten vor, die bestens geeignet sind, um deine eigene Zahnpasta nach deinen individuellen Bedürfnissen zu gestalten.

KOKOSÖL wirkt antibakteriell und bekämpft somit auch die kariesverursachenden Bakterien. So sorgt Kokosöl dank der mittelkettigen Fettsäure Laurin für eine gesunde Mundflora, denn gleichzeitig werden gesunde Bakterien von dieser nicht angegriffen. Außerdem wirkt Kokosöl entzündungshemmend, was bei empfindlichem Zahnfleisch hilfreich ist.

NATRON bekämpft ebenso wie Kokosöl Karies, denn es neutralisiert die Säure im Mund und sorgt für den richtigen pH-Wert, der es Karies unmöglich macht zu entstehen. Darüber hinaus löst Natron Zahnbeläge und reduziert Verfärbungen der Zähne, sowie Mundgeruch.

XYLIT oder auch BIRKENZUCKER genannt, ist ein Zuckeraustauschstoff, der vor allem in Pflanzen vorkommt. Er hat eine hervorragende Wirkung auf die Zahngesundheit, denn er reduziert nachweislich Karies und verhindert die Säureproduktion durch andere Lebensmittel.

KAOLIN oder auch WEISSE HEILERDE genannt, kann für die Mundhygiene verwendet werden. Sie sorgt einerseits für weißere Zähne und wirkt andererseits mineralisierend auf die Zahnsubstanz. Weiterhin bindet sie Gift und Schwermetalle. Bei der Verwendung zur Zahnreinigung nur feine Heilerde benutzen, da zu grobe Körner eine zu starke Irritation für Zahnoberfläche und Zahnfleisch darstellen können.

KIESELSÄUREPULVER wirkt als milder Schleifstoff gegen Ablagerungen und entzieht den säurebildenden Bakterien die Nährstoffgrundlage. Außerdem wirkt es remineralisierend auf den Zahnschmelz und ist die perfekte Alternative zu Fluor.

BETAIN ist ein mildes natürliches Tensid, für alle, die nicht auf Schaum in der Zahnpasta verzichten wollen.

KURKUMA ist ein äußerst wirkungsvolles natürliches Zahnbleichmittel. Aber Achtung: Die bleichende Wirkung gilt nur für Zähne. Ansonsten sorgt Kurkuma eher für Flecken auf Kleidung und Badteppichen, die sich nur schwer wieder entfernen lassen.

AKTIVKOHLE entfernt Verfärbungen auf der Zahnoberfläche.

ÄTHERISCHE ÖLE und Ölauszüge wie Kamille, Nelke und Salbei können beruhigend und entzündungshemmend auf das Zahnfleisch wirken. Minze verleiht deinem Atem eine angenehme Frische.

SCHWARZKÜMMELÖL ist auf Grund seiner antimykotischen und antibakteriellen Wirkung besonders hilfreich bei Zahnfleischentzündungen.

ZAHNPASTA

AUFWAND: gering
ZUBEREITUNGSZEIT: 15 min.
SCHWIERIGKEITSGRAD: leicht
UTENSILIEN: Wasserbad, Schüssel, Löffel, Behälter zur Aufbewahrung

Zutaten:

4 TL Schlämmkreide → bildet eine weiche gelartige Konsistenz
0,5 TL Kaolin/Heilerde fein → sorgt für sanften Abrieb
1 TL Birkenzucker (Xylit) → beugt Karies vor
0,5 TL Natron
1 TL Kokosöl
1 TL destilliertes Wasser oder Auszug deiner Wahl (z. B. Salbei, Minze, Kamille)
optional: 3 Tropfen Minzöl/Salbeiöl
optional: 1 Aktivkohletablette gemörsert oder 0,5 TL Kurkuma

Zubereitung:

- Vermische die trockenen Zutaten gründlich miteinander und gib anschließend das Wasser dazu. Schmelze das Kokosöl im Wasserbad und vermenge es mit den restlichen Zutaten zu einer homogenen Masse. Fülle diese nun in ein geeignetes Gefäß und beschrifte dieses. Bei hygienischem Arbeiten ist die Zahnpasta ca. 2 Wochen haltbar, sofern du die benötigte Menge mit einem sauberen Spatel entnimmst und kein Wasser hineingelangt. Optional kannst du die Zahnpasta auch in einen durchsichtigen Pumpspender füllen, bei dem du Farbveränderungen, die auf ein Verderben hinweisen würden, erkennen kannst. Die Mengen im Rezept sind bewusst gering gewählt, damit du die Zahnpasta erst einmal testen kannst. Natürlich kannst du eine größere Menge machen, vor allem auch wenn mehrere Leute in deinem Haushalt sie benutzen.

ZAHNGEL

AUFWAND: mittel
ZUBEREITUNGSZEIT: 15 min.
SCHWIERIGKEITSGRAD: leicht
UTENSILIEN: Schüssel, Mixer, Spatel, Behälter zur Aufbewahrung (Tube oder Pumpspender sind optimal)

Zutaten für ca. 70 ml:

50 g destilliertes Wasser oder Auszug deiner Wahl
10 g Xylit
20 g Kieselsäurepulver
3 g Betain
1 g Xanthan
10 Tropfen ätherisches Öl deiner Wahl: Pfefferminze, Krauseminze, Salbei oder eine Mischung daraus
10 Tropfen Biokons oder Rokonsal zur Konservierung
optional: 3 Tropfen grüne Lebensmittelfarbe (besonders bei Kindern beliebt)
optional: 3 g Schwarzkümmelöl

Zubereitung:

- Löse das Xylit und die Kieselsäure im Wasser unter Rühren auf und gib anschließend das Xanthan unter starkem Mixen hinzu. Mixe solange bis eine klümpchenfreie homogene Masse entsteht. Zum Schluss rührst du vorsichtig die restlichen Zutaten unter und füllst dein Gel in einen geeigneten Behälter. Optimal ist eine durchsichtige Tube oder ein Pumpspender, um hygienisches Entnehmen zu gewährleisten. Solange du sauber gearbeitet hast und beim Entnehmen kein Wasser hinzukommt, ist dein Zahngel etwa 2 Monate haltbar.

ZAHNPUTZTABLETTEN

AUFWAND: mittel

ZUBEREITUNGSZEIT: 15 min.
(plus Trocknungszeit: 2 Tage)

SCHWIERIGKEITSGRAD: leicht

UTENSILIEN: Wasserbad, Schüssel, Spatel, Behälter zum Aushärten, Backpapier, Messer, Schraubglas/Dose zur Aufbewahrung

Zutaten:

80 g Kokosöl
50 g Xylit
130 g Schlämmkreide
3 TL Kieselsäurepulver
15 g Betain
15–30 Tropfen ätherisches Öl deiner Wahl

Zubereitung:

- Schmelze das Kokosöl im Wasserbad und gib anschließend Xylit unter Rühren dazu. Wenn sich das Xylit aufgelöst hat, mischst du die restlichen Zutaten dazu und verrührst alles zu einer homogenen Masse. Nun kannst du die Masse in eine mit Backpapier ausgelegte viereckige Form, 1,5 cm flach, ausstreichen. Nach 2 Tagen ist die Platte getrocknet und du kannst sie aus der Form nehmen und in kleine Würfel schneiden. Die fertigen Tabs bewahrst du am besten in einer luftdichten Dose oder einem Schraubglas auf. Zum Zähneputzen nimmst du 1 Würfel in den Mund und kaust etwas darauf herum, bevor du dir wie gewohnt die Zähne putzt.

ZAHNPUTZPULVER

AUFWAND: gering

ZUBEREITUNGSZEIT: 10–20 min.

SCHWIERIGKEITSGRAD: leicht

UTENSILIEN: Mixer/Mörser, Schraubglas/Dose zur Aufbewahrung

Zutaten:

1 Handvoll frische Pfefferminze

1 Handvoll frischen Salbei

100 g Xylit

5 g Natron

optional: einige Tropfen Schwarzkümmelöl

Zubereitung:

- Am besten schneidest du die Kräuter bereits sehr klein, um sie dann mit dem Xylit zu mörsern. Wenn du keinen Mörser hast oder dir das Mörsern zu anstrengend ist, denn es dauert relativ lange bis ein homogenes Pulver entsteht, benutze einen starken Mixer. Wenn alles pulverisiert ist, gibst du das Natron und falls gewünscht ein paar Tropfen Schwarzkümmelöl hinzu und vermengst alles gut miteinander. Lass das Pulver nun 1 Tag an der Luft trocknen und gib es anschließend in ein luftdicht verschließbares Gefäß. Zum Benutzen streust du einfach ein bisschen etwas davon auf deine feuchte Zahnbürste und kannst auch schon losputzen. Das Pulver ist solange haltbar wie der Rohstoff mit dem kürzesten Haltbarkeitsdatum.

Nach dem Zähneputzen hilft dir eine Mundspülung, ein gesundes Milieu im Mundraum zu bekommen, um Karies und Entzündungen vorzubeugen. Zusätzlich sorgt deine Mundspülung für einen frischen Atem und ist leicht selbst zu machen.

MUNDSPÜLUNG

AUFWAND: gering

ZUBEREITUNGSZEIT: 2 min. (plus Ansatz der Tinktur)

SCHWIERIGKEITSGRAD: leicht

UTENSILIEN: Flasche zur Aufbewahrung

Zutaten:

50 ml Salbeitinktur → antibakterielle und entzündungshemmende Wirkung

150 ml destilliertes Wasser oder Tee deiner Wahl (Pfefferminze, Kamille, …)

5 Tropfen Minzöl → für einen frischen Atem

1 TL Xylit

0,5–1 TL Natron

Zubereitung:

- Vermenge einfach alles in einem geeigneten Gefäß und fertig ist dein Mundwasser. Einfach einen kleinen Schluck nach dem Zähneputzen in den Mund nehmen, damit gurgeln und anschließend ausspucken. Auf Grund des stark verdünnten Alkoholgehalts ist die Mundspülung etwa 2 Monate haltbar.

TIPP: Für eine längere Haltbarkeit lässt du das Wasser/den Auszug weg und füllst die restlichen Zutaten in eine Flasche. Zur Anwendung gibst du einige Tropfen davon zu einem Schluck Wasser in den Zahnputzbecher und kannst dann damit gurgeln.

Salbeitinktur selber machen:

- Du benötigst etwa eine gute Handvoll frischen Salbei, den du am besten nach dem Ernten auf einem Küchentuch ausgebreitet ein paar Stunden antrocknen lässt.
- Außerdem brauchst du ein geeignetes Gefäß mit Schraubverschluss und 250 ml Alkohol. Hier eignet sich Wodka oder Korn (sollte mindestens 36–40 % Vol. enthalten) oder Weingeist 95 % Vol. aus der Apotheke.
- Schneide nun die Salbeiblätter so klein wie möglich und gib sie zusammen mit dem Alkohol in das Schraubglas. Dort sollte das Ganze mindestens 2–4 Wochen an einem warmen Ort verweilen. Ab und an kannst du es etwas schütteln und anschließend über ein Sieb oder einen Kaffeefilter (je nachdem wie klein die Schwebeteilchen sind) in eine Flasche abfüllen.

TIPP:
Wenn du es nicht abwarten kannst bis deine Salbeitinktur fertig ist, kannst du auch ein Kamillenextrakt aus dem Drogeriemarkt benutzen. Dieses wirkt auch entzündungshemmend und beruhigend auf das Zahnfleisch.

Diese Mundspülung ist eigentlich ein Pulver, welches sich super eignet zum Transportieren und sehr lange haltbar ist.

RATZ-FATZ-MUNDSPÜLUNG

AUFWAND: gering
ZUBEREITUNGSZEIT: 2 min.
SCHWIERIGKEITSGRAD: leicht
UTENSILIEN: Mixer, Schraubglas oder Dose zur Aufbewahrung

Zutaten:

20 g Xylit

1 TL Natron

5 Tropfen ätherisches Öl

25 ml lauwarmes Wasser, wird erst bei Anwendung zu ½ TL Pulver zugegeben

Zubereitung:

- Mixe alle Zutaten zu einem feinen Pulver und bewahre es in einem Schraubglas oder einer Dose auf.

TIPP:
Nicht nur auf Reisen kannst du dir Platz und Gewicht sparen, wenn du das Wasser erst zu deinem Pulver gibst, wenn du es gerade brauchst. Entsprechend lässt sich das Ganze dann auch portionieren und im Zahnputzbecher vor Ort mundgerecht anmischen.